高中语文任务驱动型
作文课堂教学模式探究

魏丙利◎著

吉林大学出版社

长　春

图书在版编目（CIP）数据

高中语文任务驱动型作文课堂教学模式探究 / 魏丙利著. -- 长春：吉林大学出版社，2020.8
ISBN 978-7-5692-6898-0

Ⅰ.①高… Ⅱ.①魏… Ⅲ.①作文课–课堂教学–教学研究–高中 Ⅳ.①G633.342

中国版本图书馆 CIP 数据核字（2020）第 154604 号

书　　名　高中语文任务驱动型作文课堂教学模式探究
　　　　　　GAOZHONG YUWEN RENWU QUDONGXING ZUOWEN KETANG
　　　　　　JIAOXUE MOSHI TANJIU

作　　者　魏丙利　著
策划编辑　刘　佳
责任编辑　刘　佳
责任校对　王　洋
装帧设计　郭少飞
出版发行　吉林大学出版社
社　　址　长春市人民大街4059号
邮政编码　130021
发行电话　0431-89580028/29/21
网　　址　http://www.jlup.com.cn
电子邮箱　jdcbs@jlu.edu.cn
印　　刷　长春市昌信电脑图文制作有限公司
开　　本　880mm×1230mm　1/32
印　　张　6.625
字　　数　150千字
版　　次　2020年8月　第1版
印　　次　2020年8月　第1次
书　　号　ISBN 978-7-5692-6898-0
定　　价　28.00元

序　言

对高中语文任务驱动型作文课堂教学模式进行分析和探索，符合新课标对语文课程教学的新要求，有利于提升高中语文课堂教学质量，优化语文高效课堂的构建。因此，语文教师要将任务驱动型作文课堂教学模式的探究作为教学任务之一，加快教学进程，从而构建科学化、生动化、综合化的理想的语文写作性课堂。本书结合多名教师的教学实践经验，尝试对高中语文任务驱动型作文课堂教学模式进行详细的理论分析和多方面的实践探究，目的在于激发学生的兴趣，提升学生的学习效率，切实增强学生的写作能力。

本书从六个方面对高中语文任务驱动型作文课堂教学模式进行了论述，分别为任务驱动型作文写作的创新指导技法探究、基于任务群的高中作文系统化教学研究、任务驱动型作文审题立意的教法研究、任务驱动型作文教学与批判性思维能力的培养、高中语文材料类任务驱动型作文训练研究、高中语文议论类任务驱动型作文训练研究，旨在为广大高中语文教师构建优质任务驱动型作文课堂提供一些参考和建议。

由于笔者的水平有限，书中还存在许多不足之处，望读者能够不吝指正。

目　录

第一章 任务驱动型作文写作的创新指导技法探究

第一节 任务驱动型作文的理论概述

一、任务驱动型作文的定义

任务驱动型作文是2015年出现的新型作文形式，用以考查写作者的多方面能力，包括阅读能力、写作能力和思维能力等，要求学生在读通题目的情况下，按照题目的指令来完成作文。新材料作文要求学生从材料中提取角度，自行选择方向进行写作，学生可以任意选择各式材料作为论据，以说明自己的观点。任务驱动型作文则要求分析的部分和内容是出题者已经给定的，一般是从实际生活中发生的真实案例中摘取的或者是新闻材料的加工版本，题目要求学生在真实的情境里进行分析，按照给定的某个角度或者材料中的不同层面来进行分析。

任务驱动型作文的出现意味着，学生要根据题目的要求针对题目就事论事，缘事析理，需要学生带着明确的任务进行深刻的讨论，而不能跳出材料本身进行分析。写作文十分忌讳洋洋洒洒而成篇不知所云，任务驱动型作文的出现，在一定程度上从源头制止了学生写作偏题、离题。

以2016年全国二卷高考语文的作文题为例，提及了关乎学生自身的语文素养。对于中学生而言，语文素养提升的途径主要有三个，分别是课堂有效教学、课外大量阅读、社会生活实践。题目要求学生通过比较三条途径，从自己语文学习的体会出发写作文。这道题目并没有像新材料作文一样让学生自己选择写作的方向，这就限制了学生的写作范围及内容，让学生在既定的范围内阐述自己的看法，要求学生在多维度的比较里，既要说明自己的看法，又要兼顾他人的想法。在作文中，学生阐述理由的角度可以是多元的，结合自身的实际生活经验和体会进行比较，比较其中的异同或者联系。这样的测试可以区分每个学生的思维能力水平的高低。通过材料具体分析，首先，任务驱动型作文明确写作文体，就避免了各式文体杂糅；其次，作文明确了任务指令，作文就必须在比较中进行论证。学生在写作任务指导下进行写作，在真实的、贴近生活的情境里思考，根据题目的要求进行构思和创作，相较之前的新材料作文，任务驱动型作文显示出选拔人才和考验学生思维能力的强大功能。学生不再使用积累的陈年材料泛泛而谈，能在具体的任务指向里完成各项思维的再提升。任务驱动型作文避免了学生运用话题作文的写作手法而写作，也避免了写作的套作。

从2015年全国二卷高考语文的作文题来看，材料创设了一个情境，即作为女儿的小陈在微博上举报自己的父亲在高速路途中边开车边打电话，引起了广泛的讨论。题目要求学生充分发挥自己的写作空间，从不同的角度论述这一做法。在传统的材料作文写作中，学生只需要提取几个关键词进行写作即可，但任务驱动型作文的题目设置更加考验学生的各项思维。2018年福州市高三语文质量检测中提出了类似"背诵古诗是否无益"的论题："小李对新颁布的《高中语文课程标准》中大幅增加古诗文背诵篇目这一做法表示质疑，不知道在考试中分值少却占用大量时间背诵古诗文是否值得。而小华认为这是一个学习的好机会，并且想借此创设'古诗文社'，但是又怕浪费时间影响学业。"该题需要学生能够在一定的任务指令下完成写作，如果将背诵古诗泛化为传统文化的重要性，忽略了小李和小华的苦恼而大谈其重要性，便是直接将任务型议论文泛化成话题作文了。任务驱动型议论文要求基于情境所给出的"两难"进行论述，而不是偷换概念，转换论题。作文本身不能脱离材料的设定，忽略任务的指令要求。指令的要求显示出任务驱动型作文与传统的材料作文不同之处，教师与学生都需要进行认真的研习，这样才能在考场上冷静应对各式的任务驱动型作文。

因此，任务驱动型作文就是题目中给定一个真实的情境，提出一个具有争议性或者能够引发思考的问题，学生需要围绕这个问题在任务的指导下写作文的一种作文题型。在作文题目的任务驱动之下，学生需要进行多维度、多方面的比较，在进行给出说理论据时能够针对事件本身的矛盾进行分析。任务驱动型作文的写作能够从不同的概念或者本质中体现学生的辩证思维。

二、任务驱动型作文的特征

任务驱动型作文自2015年出现在高考试卷中后，曾经一度让许多一线教师在短时间内无所适从，而不得不去研究任务驱动型作文的特点。经过整合后，笔者总结任务驱动型作文呈现以下三个特点。

（一）指向性

任务的指向性构成了任务驱动型作文的其中一个特点。

笔者在参加福州某中学的高一年段内的教研活动时，某教师针对材料中关于任务驱动型作文的指向性进行了概括，即全国一卷和二卷作文都在材料引发考生思考、激发其写作欲望的基础上，通过增加"写信""权衡与选择"等任务型指令，着力发挥试题引导写作任务的功能，增强写作的针对性和对象感，使考生在真实的情境中辨析关键概念，在多维度的比较中进行说理论证。

例如，2015年全国二卷高考语文的作文题明确了以下三个方面：一是明确了文体，要求学生以书信的格式来写文章。二是明确了作文的范围，"对于以上事情，你怎么看"说明要求对特定的材料中的事件进行阐述和分析，缘事析理，就事论事。本题要求学生在事件本身的基础上做出判断，体现自己的思维。三是明确的讨论对象，从小陈、老陈或者与之相关的方面来写。每一件事物都有不同的对立面，考题明确了要求从其中一个方面来写，选择立场和观念进行论述。在有了具体的任务指向的基础上，学生可以联系生活实际，选用自己积累的素材，在给定的范围内进行写作。任务驱动型作文的写作也可以从多种角度上进行选择，如2017年全国一卷高考语文作文题中涉及"中国关键词"，明确了要求从这几个词汇中选择三个再进行写作，把词汇有机地结合起来，避免了跑题现象的发生。

（二）思辨性

任务驱动型作文与材料作文不同，材料作文可以跳出材料本身，从而组织材料进行论证；但任务驱动型作文往往将学生置于情境的选择当中，从拟题到具体落笔都有很强的思辨性，要求学生围绕事物本身，运用多种思维考虑问题。任务驱动型作文要求学生写作时表现出清晰的内涵，做出准确的判断。抽象说理相对来说是比较容易的，它可以由不同的材料进行串联和叙述，但是上升到具体的说理其实并非易事。从高考的作文命题来看，出题者更愿意设置一个情境，在不同的选择里让学生自行发挥，显示其价值判断和情感导向。

还是以2015年全国二卷高考语文作文题为例，正是要求学生可以从不同人的角度或者社会层面具体分析当事人的做法。出题者希望通过考题来激发学生的内心冲突，在道德风险和现实风险里进行比较再选择，从而避免误区，以达到一个合理的平衡。作为高考题目，2015年的这道题目引起了广泛的讨论，能够热议的问题必然不是可以简单地判断对与错，正是因为有了观念上的冲突，才可以让学生在考场上自由发挥，以显示不同学生的思维能力。2016年全国二卷的高考作文题提及的三个语文素养，也是希望学生能够通过比较和思考来判断三个素养之间的关联和重要性。论证要从现实出发，因此辨析是一个需要不同思维相互作用的过程，在辨析的过程中，学生的思维能力可以得到一定的提升。这样的作文题也符合了新课标中关于发展不同思维能力的要求，材料的争议性越大，就越能激发学生的思考，也就能避免出现假大空和泛泛而谈的文章。关于题目中的"说说你的看法"，目的是让学生从自己的角度出发，分析不同观念和层面，从而抒写感受，表达思考。任务驱动型作文强化了材料的内容、含义和学生的思维深度，训练、提升学生在比较中论证的水平。任务驱动型作文题目给予的空间足够大，立意的角度也十分自然，让不同风格和写作习惯的学生都能在作文里大展拳脚，发挥自己的水平。

（三）时代性

高考作为选拔人才的考试，关乎千千万万家庭的利益，因此高考的教育功能必须受到重视。高考不仅是学生的人生转折点和其开拓自己未来的重要途径，更是我国选择人才和培养现代化建设接班人的重要方式。高考语文作文考题具有育人的作用，具有贴近社会、贴近时代等特征，材料多选自当年的热点新闻或热点词汇，尤其是能够引起媒体社会的广泛讨论，选择范围也是学生较为熟知和能够感同身受的内容，贴合学生的生活实际。题目从讨论的热点新闻或者热搜词切入，学生能够联系自己的生活实际和以往的经验针对材料内容进行初步的价值判断和导向选择。任务驱动型作文关注学生的生活体验和成长过程，引导学生在考场中写出真实且具有生活气息的作文，而不是对几个历史材料进行简单的描述和引用，形成不相关的材料堆砌。例如，2015年全国二卷高考语文的作文题中，女儿通过微博举报开车不断打电话且屡劝不听的父亲，其中就具有了贴近学生生活的软件和手机。2015年上海高考语文作文题"心中坚硬和柔软东西之间的关系"，引发学生对自我的思考，贴近时代又具有生活气息，同时顺应了新时代要求的公民意识，并且旨在考查学生的价值观念是否具有创新的思考。2016年高考新课标卷一中的漫画作文，出示了几张漫画图，不同的学生拿着相似的成绩得到的却是截然相反的态度。学生在读题时就能够切身体会到图中人物的心情，这不仅有利于学生写作，并且他们能够从中体会相似的感受，写出来的文章就更具备感染力。

第二节　任务驱动型作文的写作现状

新型作文题目的出现，必然会带来一系列的问题。学生在写作文时，不仅有材料作文的写作缺陷，写作时带有材料作文的影子，并且无法正确应对任务驱动型作文的写作要求。下面将从语言、思维和立意三个方面来阐述任务驱动型作文的写作现状。

一、语言表达能力欠缺，使用论据陈旧非典型

2017年新发布的《普通高中语文课程标准（2017年版）》中针对写作提出了明确的要求："自主写作，自由表达，以负责的态度陈述自己的看法，表达真情实感，培育科学理性精神。能推敲、锤炼语言，表达力求准确、鲜明、生动。""酒香不怕巷子深"，一篇好的议论文如果想抓住阅卷教师的眼球，必然要具备良好的语言表述能力。要写好任务驱动型作文，就一定要有良好的文笔作为支撑。然而，在现实生活中，由于学生的阅读量和训练量不够，所写的议论文往往在语言上的锤炼度不够，写出来的文章缺乏语言表现力，所使用的论据也十分陈旧，不具备典型性。

首先，学生欠缺良好的语言表达能力。如果所写文章的语言苍白，那么其中所包含的道理也不具备说服力。通篇文章如果大多采用平铺直叙和记叙的手法，那么写出的语言也就缺乏新意，文章仅仅停留在事物的表面，文字的表述平平淡淡，因此意义自然也就不深刻。议论文虽然

以说理为主，但仍需要作者将自己的文采完美地融入文章中。

在写作中，学生习惯性地将记叙文体代入议论文中，这与他们初中三年的训练密不可分。让学生一下子从记叙文跳到议论文的写作，对他们而言是一个难题，但是必须强调在议论文写作中不能杂糅记叙文文体。笔者在收集高一同学写的任务驱动型作文训练时，也发现了同样的问题。高一上学期作为初高中的衔接，以记叙文训练为主，但其教学过程已经有说理和论证的部分出现。直至高一下学期，学生已经初步具备说理的意识和能力，可以在作文训练中将记叙文写作转型为任务驱动型作文的教学，初期阶段则是从观点型议论文开始，如在题为"担当"议论文写作训练中，厦门康桥中学一位同学是这样写的：

什么是担当？华盛顿砍了樱桃树，勇于承担错误；廉颇自觉发现自己的错误，上门负荆请罪，这是担当，对于自己所犯的错误的担当。

担当在我们生活中也随处可见，小小的举手之劳也是担当。对于我们来说，认真学习，认真听讲，保质保量完成作业，这便是我们在学习方面的担当，也是我们必须做好的。

古今中外，这么多的例子足以告诉我们担当的重要性，如果没有担当，将会多么混乱的社会，人与人之间只剩下逃避责任，互相推卸责任，担当是一个人必需的品质，也是良好的习惯。勇于担当，将担当作为生活的一部分，将会是你取之不尽、用之不竭的宝藏。

这是文章的前半部分的内容，足以看出其中存在许多问题。一是语言上的苍白，可以看出这位同学在日常生活中对作文的忽视。文章语言缺乏内容，充斥着多余、重复及陈旧的叙述，为了能够凑够字数，行文中多次出现文章题目。二是在陈述上也十分勉强，"如果没有担当，将会多么混乱的社会"显然是日常生活中的用语，却不经过修改和雕琢，直接放进文章中。文章中运用了大量的生活中的口头语，语言缺乏书面感，内容缺乏可读性。三是本应该通过举例或者名人名言以进行论述的部分，却只局限于自身的角度，视野不够开阔。文章的篇幅十分有限，要在这短短的八百字中展现观点和自己的文笔，实属不易，这就更应该去除啰唆、无谓的陈述，用简洁明了、具有吸引力的表达效果为作文增色。由此可见这位学生的局限和浮躁，他是用应付的态度来对待写作。

又如，厦门康桥中学另一位同学是这样写的：

《狼来了》这个故事的主人公——小男孩，因为不负责任地乱喊乱叫，欺骗别人的感情，所以人们不再相信他，导致了他最后被吃掉的结局。责任重于泰山，只有勇于承担自己的责任，才会受到别人的尊敬和爱戴，才会使自己走向成功；而一个不负责任的人在人们眼中却比一颗沙还要渺小和可悲，必将受到人们的谴责，也注定会使自己走向失败。勇于承担是我们每个人都应该有的崇高品质，是中华民族的传统美德，是我们每个公民都应该做到的。

以上作文片段中也出现了一些问题，如"而一个不负责任的人在人们眼中却比一颗沙还要渺小和可悲，必将受到人们的谴责，也注定会使自己走向失败"这一句，作者想要说明担当的重要性，却在其中掺杂了个人情感。中学生的生活面比较狭窄，有些人会选择记日记等方式来宣泄自己的情感，而他们的作文反而成为其中的一个途径，读者在阅读过程中也会感受到学生无处发泄的情感，这样的文章就显得层次不高，停留在说空话的层面。处在这个年龄段的学生还不擅长将自己的感性部分很好地转化为理性部分，再展现给阅卷教师，因此如何将作文中的"自我"很好地隐藏和转换，也是学生必须学习的课程之一。

柳宗元在《答韦中立论师道书》中写道："吾子好道而可吾文，或者其於道不远矣。故吾每为文章，未尝敢以轻心掉之，惧其剽而不留也；未尝敢以怠心易之，惧其弛而不严也；未尝敢以昏气出之，惧其昧没而杂也；未尝敢以矜气作之，惧其偃蹇而骄也。抑之欲其奥，扬之欲其明，疏之欲其通，廉之欲其节；激而发之欲其清，固而存之欲其重，此吾所以羽翼夫道也。"古人对于写作的要求严格，认真遣词造句，要进行反复修改，从而剔除陈言旧语，只是希望文章能够清新、不落入俗套，以凝聚保存文章的气势。对于现在学生来说，在写作中依旧具有很强的借鉴意义，学生要在遣词造句之上避免平淡苍白，同时除去日常用语，严格对待语言的使用，力求语言表达做到精炼准确，严谨有力。

其次，学生使用的论据过于陈旧或者使用了非典型的论据。任务驱动型作文的材料选取往往具备时代性，能够引起媒体和大众的讨论，因此作文的论据选择就显得尤为重要。不少一线教师在批阅高考作文时，总会在那天笑称"屈原、李白、司马迁又出现了几次"。时代在发展，科技在进步，学生写作文时却还是拿出爱迪生、牛顿、陶渊明等这些一成不变的材料，这样的现象反映了学生虽然能够将课文里的知识灵活运用于写作中，但同样会造成读者的审美疲劳。朱光潜在《咬文嚼字》中说道："联想起于习惯，习惯老是喜欢走熟路，熟路抵抗力最低，引诱性最大，一人走过，人人就都跟着走，越走就越平滑俗滥，没有一点新奇的意味。……美人都是'柳腰桃面''王嫱西施'，才子都是'学富五车，才高八斗'，谈风景必是'春花秋月'，叙离别不外'柳岸灞桥'；做买卖都有'端木遗风'，到现在用铅字排印书籍还是'付梓''杀青'。"①这不免让人感慨如今的写作往往陷入怪圈，一旦写到身残志坚就是海伦·凯勒，坚持自我就是投身汨罗江的屈原，潇洒旷达就是李白。学生的积累不足表现在作文中就显得文章格局不高，殊不知只要稍微将海伦·凯勒加以替换，变成西班牙作家塞万提斯，就能够将文章提高一个档次，选择的角度相同，论据可以更加新颖或与众不同，再多添加一些时代性的色彩，所写的文章就能抓住人的眼球。

以下是高一下学期阶段某学生所写文段：

有些人有担当的精神，他就是我们的副班长，他被老师要求统计同学们的分数，但他的工作量实在太大，看起来很难完成，而且这个工作在其他班都是由老师做的，他完全有理由拒绝，但他还是接下了。他说他想为班级奉献一份力，帮老师的忙。我被他的担当的感动了，因为我在他身上看到了自己无法做到的事，我十分敬仰他。

在记叙文写作中，用自己或者周边的事例有助于突出真情实感，从而能够有更好的情感表达。但在议论文写作，特别是任务驱动型作文中，强调表现作者的逻辑思维和观点看法，写作时使用自己的事例容易表现出缺乏典型性。论据作为表达观点的重要手段，在选择的时候必须

---

① 郑千里.高中语文任务驱动型作文课堂教学模式探究[J].学周刊，2020（02）：106.

谨慎。为了使文章具备逻辑关联的判断和推理，能够明确阐释道理，呈现清晰的内涵和严密的推断，就要避免使用过于生活化的论据。议论文一旦使用了自己身边的例子，从说理的角度来看显得极为不利，就会给阅卷教师留下不严谨、不明确且缺乏说服力的印象。倘若题目中明确要求"请结合自身的经历"则另当别论，但是使用自身论据的时候也要注意措辞，写作时注意区分文体，不能在讲述自身经历时选用叙述性文体，而到了论证说理时又选用议论文体。论据是否具有典型，选择的材料也很重要。下面是高一某生写的以"拒绝诱惑"为题的任务驱动型作文片段。

拒绝诱惑是范蠡"已立平吴霸越功，片帆高扬五湖风"的淡泊明志，拒绝诱惑是嵇康在朋友举荐他做官时写下的《与山巨源绝交书》，拒绝诱惑是文天祥面对敌军高官厚禄时高呼"人生自古谁无死，留取丹心照汗青"的赤胆忠心……古往今来，多少人在诱惑面前低下高贵的头颅，多少人践踏了自己的人格，申公豹、秦桧、汪精卫等都是诱惑面前的俘虏，他们在痛快淋漓地享受完诱惑的烈酒之后，陷入了麻痹的状态，在人生路上跌进深渊。

还处于高一阶段的学生已经学会运用多个论据，用排比的方式来阐述自己的观点。前文提及，如果不加以练习，写的文章很容易成为许多材料堆砌的载体，从而不知所云。这个同学能够透过材料吸取与题目相关的内容，在多个论据中寻求共同点，文章以范蠡、嵇康和文天祥作为典型，再用相反的几个人物如申公豹、秦桧、汪精卫来衬托前者精神的可贵，形成对比论证。这个文段的论据使用得较为出彩，虽然没有现当代人物的映衬，但我们依旧能看到古代文人士族身上的超脱与淡泊跃然纸上，作者用文笔跨越了千年的历史，将他们拒绝诱惑的凛然形象描绘出来。可见一部分的论据是可取的，选取的是典型人物且不落入俗套。

因此，论据的选择对于任务驱动型作文而言是至关重要的，论据的使用关乎能否进行有效的推理，论据过于陈旧会给人以生搬硬套之感，使用论据也不应该选用身边或自己的例子，这样的文章不具备说服力。

二、逻辑思辨能力不足，缺少相应的情境意识

人作为感性动物，所写的文章必然有感性色彩，这也在极大程度上说明了写作说理的不易。在议论文中，尤其是改革之后的任务驱动型作文，更加考查将考生置于情境中进行论述，以考查考生的文化修养和道德认知。

《普通高中语文课程标准（2017年版）》中把学业质量标准划分出了不同的水平，其中的"水平四"是高校考试招生录取的依据，涉及写作的部分是这样表述的："能就文本的内容或形式提出质疑，展开联想，并能找出相关证据材料支持自己的观点，反驳或补充解释文本的观点……从多个角度、多个方面表达自己的理解和感受。"作为高校考试招生的标准，新课标要求学生在高考时能够达到相应的水平。语言功能是多样的，如说明文里的说明、记叙文里的陈述，或者是散文里的抒情。作为议论文，文字的功能显然与其他文体不同，与诗歌和散文相比，议论文的文字要求具有理性和逻辑的特点。在日常教学当中，特别是高一阶段的学生，往往说理不够透彻，在同一个论点上纠缠不清，这

类文章的论述部分读起来就有评无论，学生只能在平面上进行说理。这类文章表现为只说事实，或者在一个事例上反复讲述，忽略了"论"的部分，一直重复论证，同样也是逻辑思辨能力不足的一种表现。

以下是高一下学期某学生所写的题为"担当"的议论文部分。

我们每个人都有责任需要自己去担当，去完成。只有我们自己担当起了责任时，才能够把事情做好，就像我们学生的责任主要是抓好学习，教师的责任是给学生传授知识，警察的责任主要是维护社会治安，我们的社会需要负责任的人。人人都应该勇于积极地承担自己的责任，共同把各项工作做好，这样社会才会进步。一个人想要赢得他人的信任，在他人面前树立起威信，就必须做到四个字——有责任心。马卡科曾经说过，教师的威信首先建立在责任心上。这句话说得十分正确，教师要对学生负起责任，让学生都尊敬。

由此可见，这个学生对"担当"这个词有一定的了解，能够通过区分社会上的不同职业进行叙述。但是，文章中存在的问题也很明显，首先是判断不够明确，其次是推断不够严密。在使用了名人名言之后，并未对这句话进行剖析和推理。这是大部分学生在写议论文初期经常犯的错误，在使用了论据之后，缺乏有效的论述，更有甚者，整篇文章都是由七零八落的论据组合而成，却没有议论，就如同各式各样的事例集合片段，这样就失去了议论文的最精华部分。学生的积累不足和训练不够，导致他们在考场上无话可说，只能通过描述一件事情来凑字数，以此展现自己的记叙文功底。在学生初期接触议论文时，有可能全篇文章都在记叙一件事情，作为人生观和价值观尚在发展阶段的青少年，面对材料时无从下笔，不知从何说起。由于学生缺少观念上的培养，因此在日常教学中，教师也就需要从说理方面对他们进行训练。

任务驱动型作文要求学生的作文具有很强的理论性、逻辑性和概括性。写作中的观点必须建立在充分可靠的论据上，这就需要作者从材料部分就要注意选择论证的角度。从学生写的文章来看，能够充分使用论据且议论得当的文章不算多，除了在记叙上大做文章，还有一部分学生虽然有明确的观点，但对论据的使用也不恰当，他们纯粹套用格式，列出论点，再加上几个事例，文章缺乏流畅性和连贯之感，这样的文章看起来就十分生硬，无法成为优秀的作文。

任务驱动型作文与传统的材料作文有很大的不同，考生在面对传统的材料作文时，可以通过不同的论据对原材料进行再加工，写出一篇与原材料某一个点挂钩的文章，这样很容易出现套作；任务驱动型作文要求学生必须围绕材料进行论证，还要把对材料的分析贯穿在写作当中。写任务驱动型作文时，必须提高相应的情境意识，要找对议论的点，再进行发力，而不是脱离任务泛泛而谈。这样的题目之下，对学生的要求就更高了。面对新材料作文，学生尚且能够用材料拼接论点，提出相应的观点进行论述；而任务驱动型作文的观点并不是简简单单就能推断出来的，需要在规定的情境里进行多方位的考量。

部分学生写作时，缺乏相应的写作思维，所写文章往往过于片面，没有用思辨的角度进行论述。例如，2015年全国二卷高考语文作文题，女儿为了家人的健康着想，通过微博私信举报了自己的父亲，这就引起了广泛热议。这个作文题有三个指向，可以是小陈、老陈或者是警察。

题目中的原话"对于以上的事情，你怎么看？"并未出现明确的价值取向，只是让学生"写一封信，表达态度，阐述方法"，将作文的观点完全交给了学生，让其表达自己的态度及说明观点，学生可以在自己选择的范围内进行叙述。但需要注意的是，这并不代表学生可以完全偏向一个片面。在写作过程中，如果学生出现了观点过于片面、绝对，甚至超出了当代社会背景之下现有的道德底线，则无法成为优秀作文。

在这个题目中，对于"孝"的理解是关键。由于父亲屡劝不改，并且家人一再提醒，女儿才无奈发微博举报。古代认为，孩子若曲从父母，陷父母于不义，也是不孝的一种表现。所以，小陈打电话举报也依旧符合古代孝道。学生不能选择片面的角度进行论述，材料之所以置学生于情境中，就是要考查学生的道德认知和说理能力。如果认为小陈的观点是大错特错，并且对其做法进行全面否定，则就成了鲁迅笔下《拿来主义》中要一把大火全部烧光的全盘否定主义了。情境意识不够，造成部分学生在写作的时候，没有意识到事情的两面性，写文章应该涉及情和理两个方面。

学生在写作时，除了写作观点的片面，往往只能站在某个人物的角度上看待问题，部分学生在论述中经常从自己的角度出发看待所有问题，缺乏大局意识和全局观念，这都是思辨不足的表现。学生的逻辑思维和辩证思维不够成熟，无法从给出的题目中抽取有效的信息，因此写出来的文章"一边倒"。任务驱动型作文希望学生展现的是多方位、全面的考虑，如可以从政治经济的角度，也可以从社会文化的角度。在2015年全国二卷高考语文作文题中，学生可以从文化价值、社会价值、思想价值等多方面进行论述。

任务驱动型作文如果缺乏相应的情境意识，写出来的文章不像是任务驱动型作文，反而像材料作文，反映在日常写作训练中，学生在日常的写作训练里无法判断驱动型作文题目中的信息。例如，"争与让"，有的同学看到题目，全篇都在写"让"，极力言说"争"的不是，难道我们在日常生活中就不应该争取了吗？显然这个写作思路是不对的，当然也有与之相反的，只写"争"。再如，2018年福州市高三语文质量检测中的作文题："新颁布的《高中语文课程标准》增加了大量古诗文背诵篇目，小李觉得背诵只占高考5分的古诗文没有用，小华却认为这是一个好机会，可以和同学们一起弘扬中华传统文化，但是又怕花费大量精力。"在后期改卷过程中，阅卷教师发现有许多学生脱离了情境设定，忽略了任务的指令要求。学生"小李""小华"苦恼的具体内容构成了材料的基本情境，而他们的苦恼又是由于高中语文大幅增加古诗文背诵篇目这个重要背景导致的，因为既然是新增加的，也就意味着古诗文的背诵成了硬性规定，"小李""小华"的忧和"小华"的喜都源于这个。以上应该成为学生审题立意的重要依据，但是大部分学生却对此视而不见，情境意识过于薄弱，没有具体针对"小李"或者"小华"，而是直接针对"我们"或者某一类人进行论证，这是十分模糊的。任务驱动型作文要求学生认真阅读给定的材料，针对其中的情境，按照任务指定进行写作。

三、无法正确进行立意，偏离材料的任务指定

任务驱动型作文给予了学生写作的空间，并运用各种方式来证明观点，但是其所给的空间却有一定的限度。题目中给出的线索是为了让学

生能够沿着这个线索，在思维的碰撞下表达自己的观点，而不是让学生在题目之外泛化游离，脱离题目本身。许多学生无法进行正确立意，忽略了题目中所给的任务指定，将任务驱动型作文写成传统的材料作文。

不脱离文本本身是任务驱动型作文的基本要求。在评卷过程中，最忌讳的就是作文离题，一旦脱离给定范围，作文就彻底与高分无缘。在日常教学里，这样的训练常常是穿插在文本阅读的过程当中进行的。例如，在《荆轲刺秦王》的教学过程中，可以看到作者有一段文字专门写蒙嘉对荆轲的引荐。在一开始读文本时，我们就要理清主要人物和次要人物之间的关系，当笔者在课堂上提问："作者在这一部分写蒙嘉的目的是什么？"一阵讨论过后，就有学生回答："是为了突出蒙嘉办事靠谱，为荆轲助力。"这样的回答显然落入了出题者的圈套，在这篇课文中，主要人物是荆轲，文章中有不少描写手段来刻画荆轲的人物形象。文言文的字数极其有限，目的是能够用极简的文字将人物、事件交代清楚，写"蒙嘉"实际上是为中心人物服务的，正是由于荆轲的慧眼识人，他才能够如愿地顺利见到秦王，因此写"蒙嘉"的目的是为了突出荆轲的识人之才。在阅读过程中尚且如此，学生在写作时更是应注意把握主旨意义和中心思想，切不可因为题目里有"你怎么看"就开始信马由缰，泛化无度。

学生如果不具备正确判断和评价的能力，就会在选择论题的方向上不知所措。在批改作文时，教师也会发现不少作文无法扣紧题目本身的问题，如不能正确使用论据，不知道论据和论点之间联系，只能随意堆砌地进行论证，这样的结果就是，堆砌一众的材料，可见学生对作文题目并不理解甚至是误解。

　　脱离材料给的任务指定，这在学生的写作中也是十分常见的。一旦脱离了任务指定，则有可能论证离题。论证离题在不同的作文中呈现出的问题不同，有的文章没有中心论点和分论点，有的文章在论证时有多个中心论点，有的文章转移了基本论点方向，有的文章的论点与论据无关。在没有中心论点和分论点的作文里，学生没有弄清议论文的本质，他们不知道议论文要有明确的论点作为支撑，并配合材料作为开放的树叶。针对没有论点的作文，通篇看下来，不明白作者想要表达的是什么，如果将文章层层分析，但最后发现文章是没有主干的，这在写作中是绝不可取的。多个中心论点的文章是由于作者想要表达的内容太多，同时极力想要证明自己的观点，因此选取的大量的论据作为辅助，但是这类文章也写得不够好，这类文章忽视了任务的指定，将任务驱动型作文依旧当成新材料作文来处理，无法根据具体要求进行论证，这在学生的写作中十分常见。

　　任务驱动型作文允许学生从多个层面出发考虑现实问题，以论证从不同的社会角度来看，诸如此类的事件会对大众或社会造成怎样的影响，然而这也并不代表学生可以超过既定的范围进行天马行空的想象和胡编乱造。在作文中转移了基本论点方向的学生，通常无法对题目进行正确理解，所写的内容和题目所要求的部分不沾边或者完全不沾边。例如，在以"担当"为题的训练中，有的学生的中心论点是"担当是责任"，这是学生无法正确判断主题的本质。"担当"是一个动词，"责任"是名词，在写作中，只要把"责任"换作"承担责任"，就不会有偏离之感。论点和论据无关也是离题的一种表现，选择用作证明的材料必须和主题是一致的，两者要在论证中获得统一。有的同学论证"坚毅"，就选择了苏武牧羊的例子。这类的素材来自必修课本里的课文，对于学生来说较为得心应手，但在后文中，"坚毅"只出现了一次，在分论点部分，学生用了大量的笔墨写苏武如何牧羊，描写条件如何艰苦及他如何为国守节，整个文段只见爱国而不见坚毅，这就割裂了论据和论点两者的关系，这是脱离任务指定的表现。

无法正确面对题目任务指定的作文，最后导致的结果就是论证的无效，无论是多么新颖和典型的论据，在无效的论证之下，写出来的文章都是不符合要求的。

第三节　任务驱动型作文写作现状的形成原因

高考自2015年开始使用全国卷，在此之前，大部分省市的语文作文题目采用的是新材料作文。任务型作文的一个显著特征是任务指定，虽然在很大程度上避免了像新材料作文中的套作，但也给学生和教师带来了不小的挑战。习惯了写新材料作文和话题作文的学生，在碰到任务型作文时，就显得不知所措。以下将从三个方面分析任务驱动型作文写作现状的形成原因。

一、教材不相适应，无法衔接

首先是教材上的缺陷。以人教版高中语文教材为例，高中语文教材方面的限制有以下两点：一是涉及议论文写作的内容过少；二是改革后的作文题目已经和课文里的内容无法衔接。

高中语文必修教材的表达交流部分见表1-1。

表1-1　高中语文必修教材的表达交流部分

高中语文册数	表达交流
必修一	心音共鸣　写触动心灵的人和事 园丁赞歌　记叙要选好角度 人性光辉　写人要凸显个性 黄河九曲　写事要有点波澜 朗诵
必修二	亲近自然　写景要抓住特征 直面挫折　学习描写 美的发现　学习抒情 想象世界　学习虚构 演讲
必修三	多思善想　学习选取立论的角度 学会宽容　学习选择和使用论据 善待生命　学习论证 爱的奉献　学习议论中的记叙 讨论
必修四	解读时间　学习横向展开议论 发展幸福　学习纵向展开议论 确立自信　学习反驳 善于思辨　学习辩证分析 辩论
必修五	缘事析理　学习写得深刻 讴歌亲情　学习写得充实 锤炼思想　学习写得有文采 注重创新　学习写得新颖 访谈

　　针对必修部分的表达交流提及议论文的写作，传统的表达交流部分已经不能满足改革后的议论文教学。关于议论文的写作，只有在必修

三、必修四和必修五部分提及。必修一和必修二是初高中写作的连接部分，从初中的记叙文写作到高中的议论文写作，确实需要一定的缓冲。涉及写作的内容甚少，教师和学生无法从中获取相关信息，无论是任务驱动型作文的特征、写作思路，还是如何构建一篇符合规范的新型作文，在表达交流中都没有提及。例如，在高中语文必修三的表达交流"多思善想 学习选取立论的角度"中，教材中选取的写作练习题目是选取其中一个角度写一篇议论文，却没有提示方向，如果教师不讲解这一部分的内容，就需要学生自己花时间钻研角度。同时，这些练习题目过于简单，并未给出操作性的指示，也没有给出可以参照的方向。

教材内容和改革之后的作文题目无法对应，原本的议论文教学与任务驱动型作文教学在教法上存在差异，而延续使用教材里的内容显然是不能满足教学要求的。与此同时，教材内缺乏具有操作意义的指导，加之课时的压缩、教师的忽视，学生在课堂上尚且不会翻看的部分，在课后花时间钻研的可能性就更小了，在这种情况下，教师和学生都不自觉地忽视了议论的写作，对任务驱动型作文的关注不够，再加上教材方面的限制，面对新颖的题型，学生在考场上感到茫然。

二、教师研究尚浅，教法不当

（一）教师教法传统，没有突破

教师在教学过程中，缺乏启发性的教学。传统的教学模式下，由于受到种种限制，教师经常按照行文思路来解释每一部分内容，无论是现代文教学还是文言文教学都是如此。长此以往，学生就会缺乏问题意识，不会主动地提问问题。笔者在教学过程中会提出"大家还有什么问题"等诸如此类的问题，但是没有一个人回应。学生也习惯了这样的教学，认为即使自己不回答，教师也会在一定的时间内给出答案。长此以往，养成的惰性让学生不愿意独立思考，被动地接受"标准答案"，教师所做的事情太多，甚至代替了学生的思考。疑惑是思考的开始，学生只有具备了问题意识，才能有效地进行学习。一堂好的语文课，应该是互问互答、有来有往并具启发的过程。教师将自己对文本的理解转化成自己的语言全部转述给学生，在这种情况之下，就会禁锢学生发散思维的发展，进而阻止了学生批判性思维的发展。

上海师范大学硕士张钟玉在论文《高中议论文写作教学模式初探》提到造成任务驱动型作文现状的原因：一是"教师对写作教学的重视不够，认识有偏差"；二是"缺少一套独立、系统、简明、实用的写作教材"。对此，笔者表示认同，在传统的语文课上，写作教学并未受到重视。虽然作文是整张卷子中分值最高的部分，但是总体来说，在改卷过程中，作文的分数不会相差太大。改革后的任务议论文也没有激起教师对其的重视，教师依旧把基础知识部分作为教学的重点，包括阅读技巧、诗歌鉴赏等，相对来说，写作教学方面的研究是比较少的。由于教材的限制，原本留给语文课堂的时间不多，同时高中语文课文的教学进度压力较大，教师常常为了赶课程进度而不得不将一些不重要的课文舍弃。

《普通高中语文课程标准（2017年版）》指出："普通高中语文课程应继续引导学生丰富语言积累，培养良好语感，掌握学习语文的基本方法，养成良好的学习习惯，提高运用祖国语言文字的能力；语言文字运用和思维密切相关，语文教育必须同时促进学生思维能力的发展与思维品质的提升。"教师不仅要培养学生的语言能力，更要培养他们敏锐的思维，学生学习了多少语文知识不是重点，重要的是他们能够从所学中获得思维的提升。在传统的课堂上，学生缺乏思维训练，这是大部分语文课堂的通病。一个学生从小需要背诵和记忆的语文知识数量众多，大部分人都是所学即所得，在日常的学习中，通过教师的引导和提醒来完成教学迁移。例如，利用西方流行的思维导图进行知识点记忆和背诵，虽然在我国高中语文的日常教学中所见甚少，但是其可以节省大量的时间，简化理性思维。

（二）日常训练机械，疲于应付

由于教材中对于写作的部分涉及太少，所以作文课就成了专门的训练场。教师习惯在课前将作文题目布置下去，然后学生进行写作，但教师在布置题目时，往往只告诉学生作文题目，并未告诉学生应该从哪些角度写；学生看到题目之后，第一反应就是翻开课外书或者打开手机搜索相关的题目和材料；教师将收上去的作文统一批改后，等到下一次作文课时，再把优秀的作文拿到班级里进行解读和赏析。这样的作文课显然存在不少弊端，首先，学生无法从作文课堂上获得具体写作的方法，教师一味地将作文题目布置下去，没有利用平时的训练，这样会引起学生的反感，有的学生只要听到"写作文"三个字就怨声载道，叫苦连天，这实在不是语文教师的初衷。在日常的教学里，如果缺乏了作文意识的培养，学生到了真正写作时就会把它当作是难以翻越的高山。其次，在批改作文时，由于数量众多，教师只能逐份批改，时间不够的时候，只评了一个优良差的等级，缺乏一对一的指导。多数学生在作文课时，拿到自己的作文迫不及待地看自己和周边同学的等级，以求得比较，看过分数之后，随手就把作文本丢进课桌，等到下一次作文课需要时再拿出来。过于简单的评价系统使得学生对成绩比内容抱有更大的兴趣，这就失去了作文指导的意义和价值。

为了写作而开设的训练场，不仅训练方式机械，同时也流于形式。写作课上是动辄八百字的通篇写作，这很容易使学生产生畏难心理。将目光转移至日常的写作训练，在这类训练当中，除了周记，就是没有针对性的摘抄，学生漫无边际地说一些无关痛痒的话，教师也不会特别注重作文批改，随意地在上面标上"已阅"，就算是完成了批改任务。学生看教师并没有多加修改，对待周记的态度也就更加无所谓，这样没有目的性的指令，在学生操作方面也是无用功。诚然，让学生发现生活中的点滴事件，并养成日常写作习惯的这一出发点是好的，却在操作过程中失去了应达到的效果。针对诸如此类与思维训练毫无关联的周记写作，我们可以改变方式后再用于教学。例如，摘抄通常和周记一样没有明确的指令，教师没有规定哪些范围的素材可以积累，学生也就习惯性地去从网络上查找资料。如果是在作文课上教学生积累材料，讲解某一篇文章写得好，却没针对材料应该如何运用继续往下讲，那么，学生怎么领会素材？又怎么会借鉴好的文章呢？而日常机械的练习又使得学生失去了对写作的兴趣，疲于应付。

另外，在日常教学中，教师割裂了阅读教学和写作教学的关系。在写作教学不受重视的情况下，阅读教学仍然占据绝大部分教学时间。原本阅读与写作是密不可分的关系，但是在实际的阅读教学中，教师通常只针对文本进行分析，没有考虑到阅读过程中也可以有写作思维的训练。教师的教法不当，影响了任务驱动型作文的教学，无法让学生更好地转换原有思维方式，针对新型的议论文也就无从下手。

三、学生积累不足，拙辞难隐

（一）平时积累不够，无法顺利遣词造句

学生在写作过程表现出来的语言苍白，最直接的原因就是积累不足。由于课业繁多，留给语文的时间少之又少，如果没有课堂上教师的布置，学生很少会主动去涉猎各个领域的书籍，以充实自己的知识库。学生的拙辞难隐则反映了他们在日常学习过程中的学习习惯。到高中阶段，他们放松了对字词等多方面的积累，反映在写作中是无法正确使用书面语，因而在遣词造句上不能得心应手。

由于学生的社会经历较少，写作时凭借的基本是从课本或课外书中得到的信息进行创作。学生在论证过程中，难免会用自己的自身经验来推论某一个结果，但是所用经验过于主观，因而导致论证不严谨。学生缺乏适当的材料积累，却寄希望于高速发展的网络世界。除了有意识地去积累的学生，大部分学生对政治、经济等领域的信息关注度甚低，他们更愿意花时间在漫画、网络小说等娱乐性更高的读物上，而能够提高内在修养充满人文气息的经典名著，也只有在教师布置阅读书单的时候，他们才会拿起来翻看两眼。本应该是展现一代青少年意气风发的写作场地，却堆满了娱乐明星的事例和网络用语，议论文的论据严重缺乏典型性和严谨性。更多的学生选择用陈旧的论据，依次叠加，用名人名言给自己壮胆。这样的文章内容空洞，思想苍白。

（二）写作训练太少，日常训练流于形式

学生缺乏系统的学习和训练，在论证过程中会出现有评无论、平面说理、立意平凡的写作缺陷。再往深处探究，无法正确使用论据，甚至使用陈旧或者缺乏典型的论据，是因为学生平时的写作训练太少，对积累的素材一知半解，不知道素材是否能够证明自己的观点，因而使用了最普通且最不起眼的例子。任务驱动型作文相较之前的作文，更需要理性的思维和判断，而学生日常的训练流于形式，不是动辄八百字的议论文就是无关痛痒的周记，这样在论述的过程中，学生就会不自觉地使用抒情或者记叙的手法，没有达到议论文需要的严密性和明确性要求。没有针对任务驱动型作文的训练，就容易导致学生无从得知应该如何运用，如何用合乎任务型指向的指令对手中的素材进行概括，不知道在何时何地使用素材，插入了掌握的素材又该如何加上自己的观点论证，即使他们已经积累了优秀的素材，但其写出的作文也是无法吸引读者注意的。

综上所述，学生写不好任务驱动型作文的原因包括教材方面的问题、教师方面的教法问题，以及学生自己的不足。那么，我们应该采取哪些措施解决当下任务驱动型作文写作难的问题呢？接下来将会在后续的章节中进行具体的阐述。

第四节　任务驱动型作文写作的教学策略

针对前文所提出的问题，笔者将从语言、思维和立意三个方面提出具体的策略，以应对学生在任务驱动型写作过程中遇到的困难。

一、激发语言活力，在积累中构建语言能力

（一）增加词汇积累，变化句子的表达方式

第一，词汇替换。词汇替换多见于英语教学中，但在高中语文教学中也可以用高级词汇替换低级词汇，增强文章的可读性，因此要在阅读教学过程中注重词汇的积累。在词汇替换前，首先要有一定的积累量，在这个基础之上，学生有意识地进行分类，并且学会用所学的成语或者高级词汇替换较为口语化的表达，这对提高任务驱动型作文写作的严谨度有很好的作用。词汇积累需要教师从高一开始就有意识地渗透教学中。在笔者所工作的学校中，有一个学校对词汇积累非常重视，从高一上学期就给学生发放了二十多页的成语积累，每一页上有成语和其相应的解释。按照类别划分好，还包括同义词进行对比，每个学生都要熟记成语及其释义。并且该学校每周都有相应的时间用来专门做成语练习，每次完成后在当天的语文课上讲解完，积累的成语练习讲解通常是教师在当周就结束，等到下一周又有同量的成语和练习需要完成。讲解课上，教师还会对成语的类型进行分类，这不仅对卷子中的成语选择题有所帮助，而且对写作词汇的增加也有明显效果。学生在积累了一定量

的成语之后，写出来的文章自然会使用积累过的词汇，逐步改进语言过于苍白的缺陷。在积累一定量的成语之后，教师指导学生在写作时，可以试着将以前的文章进行修改，把文章中表达浅显或苍白的部分换一种表达方式，不断改进自己的文章，这对于学生的知识迁移也大有裨益，也是对过去的知识再提升的一个过程。新的知识内容填充注入原本的文章，也是一种再学习。

在积累词汇的过程中，学生可以有意识地将低级词汇替换成高级词汇，如将"夕阳"转为"落日"、将"早晨的阳光"转为"晨曦"、将"莲花"转为"芙蕖"等。叠词能够增强语言的音乐美，成语可以言简意赅地表现内容；具有色彩的词汇能够提升语言表现力……学会使用不同的词汇和高级词汇，可以增强语言的表现力，达到锦上添花的效果。在替换过程中，同时积累相关的意象，学生在日后的写作中会更加得心应手。例如，学习《再别康桥》时，倘若学生之前已经积累了古代诗歌的意象，就能对诗歌中的金柳有所感悟，体会到浓浓的不舍之情，作文中，也能够对此意象进行有效的利用和分析了。《文心雕龙·隐秀》中云："夫隐之为体，义生文外，秘响旁通，伏采潜发。"中国古代诗人在笔端倾注了思想感情，在写作过程中，其蕴含的文采却能显现出来。对于还处于写议论文初期的高中生而言，以后要写的任务驱动型作文需要说理，能够在论述时将文采显现出来，这也是一门需要训练的技巧。词汇替换的好处不仅体现在写作方面，也在日常的阅读方面，这是一个漫长且需要耐心训练的过程。学生和教师同心协力，需要先攻破词汇这一关。

第二，改变句式。任务驱动型作文需要有很强的说理性，有了好的词语表达方式，选用精确的有感染力的词语和修辞手法有利于增强语言的说服力和表现力。在写作中，根据写作的需要从而适时地改变句式，能使文章的语言变得生动，起到波澜起伏的效果。在任务驱动型作文中，陈述句是最常出现的句式，那么，改变了陈述句会有什么样的效果呢？反问句给人警醒和突出的感受；设问句会让人不自觉地把设问后的回答当作答案，内心就自然地接受了这个结果，有利于说理；比喻句是一种修辞，能增强语言的表现力；对比句式有助于更突出效果；排比可以使句式看起来整齐划一，增强说理的气势，意义更为鲜明。

任务驱动型作文的句式不宜单一，在变换的句式中可以更好地表达情感。例如，2009年高考语文作文题（江西卷）是任务驱动型作文，题目是这样的："今年3月15日，在国人的强烈反对声中，佳士得拍卖行仍将圆明园非法走失的兔首、鼠首铜像在巴黎拍卖。某艺术公司总经理蔡铭超以高价拍下这两件文物，但事后拒绝付款，造成流拍，对此舆论一片哗然，有人称其为民族英雄，有人认为这是恶意破坏规则，有人认为……你对蔡铭超的行为有什么看法？"《说理与思辨》一书中有一篇例文片段如下：

是他，使多件流离海外的文物重新回到母亲的怀抱；是他，在佳士得拍卖兔首、鼠首时挺身而出，以拒绝付款表达着全体中国人民的愤怒；是他，在一片争议声中走上舆论的前台。他的名字，叫蔡铭超。

在舆论的一片哗然中，我仅以一名普通中国公民的身份斗胆"三问"蔡铭超。其一，如此一来就能制止流失的文物被拍卖了吗？其二，将文物进行拍卖，这合乎一名竞拍者的准则吗？其三，一定要靠竞拍流失的文物来表达爱国之心吗？"三问"蔡铭超，更是国人不可不深思的"三问"，我期待着文物真正回归祖国的那一天，也期待那一天蔡铭超的笑脸。

这样的题目作为高考题目显得沉重了一点，并且题目折射出来的思辨性容易让学生无从下手。例文开头第一段就用了三个排比句，突出了文章的重点是这个人物，在每一部分的开端，作者都用了反问句开始辩证。开篇给人一种气势雄浑的感受，接下来的三个反问句更是直击读者的心灵，叩问灵魂，反问句中带有作者的态度，读者也可以从文章中感受到作者对"蔡铭超"这一事件的否定态度。通篇看下来，文章给人一气呵成的感觉，文章语言流畅富有张力，在不断反问中进行辩证，可见句式的变换对于文章表现力的增强有着至关重要的作用。

（二）使用修辞方法，用仿写提升写作水平

第一，增加修辞练习。修辞教学是始终贯穿于平时的阅读教学中的，每篇课文都或多或少地涉及不同的修辞手法。学生在学习过程中要将修辞手法进行整合和识记，并且运用到写作中。例如，《荷塘月色》一课，作者描绘月色荷塘图包含了比喻、拟人、通感等修辞手法，细致描绘了荷塘的容貌，按顺序描绘出荷叶、荷花、荷香、荷波和流水的特点，并且在描绘的过程中，也用了适当的叠词，增强文章的韵律，正是使用了修辞中的比喻，从多个方面完美诠释月下荷塘的宁静之美。适当的修辞能够增强文章的表现力，同样的描写在不同的文章里能起到不同的作用。例如，《祝福》里描写鲁镇的雪是夸张和比喻，将过去短暂生活的甜美和现实生活的冷酷形成强烈的对比；《林教头风雪山神庙》的大雪是一步步推动剧情的发展；《采薇》里的雨雪却是乐景衬哀情，其中也包含对比的意味。教师可以采用对比教学讲解修辞，进一步完善修辞教学，根据学生的实际情况，逐步分项让他们进行修辞的练习，体会不同的文中修辞的起到的作用是不相同的。

虽然任务驱动型作文较多考查学生的思辨能力和说理能力，但适当的修辞手法能够为文章增添不少色彩。一篇能够吸引阅卷教师的文章，其遣词造句一定有可取之处。学生积累的大量诗句和词汇，在叙述事件或论证道理时通过不同的修辞手法表现出来，在一定程度上也能增加论证的说服力。正如词汇教学和句子练习一样，教师要把修辞练习和教学渗透进系统化的教学当中，这样有助于让学生养成写作时有意识地运用修辞的习惯。等学生习惯了这样的练习之后，再进行分析和写作时，就能做到举一反三，并且在学习过程中，教师提醒学生要学会对修辞进行分类，如比喻有明喻、暗喻、借喻乃至博喻之分，学生在初期阶段不会区分，教师就需要用实际例子加以讲解，在学生逐渐形成系统的知识之后，再对修辞进行运用，教师要对学生所使用的修辞表达方法进行点评。教师要实时更新每个阶段的知识点，把不同的知识串联起来，加深学生对修辞的印象，这样，今后学生就能将修辞运用至任务驱动型作文的写作中。

第二，教学中重视句子仿写。写出好文章离不开大量文学作品阅读。学生在沉淀了一定量的阅读基础之后，需要沿着他人的脚步，先试着模仿写文章，在不断地进行探索和锤炼后，形成自己独特的写作风格。

任务驱动型作文无论是从选题上还是立意上，都相较之前的新材料议论文有了很大的拔高。在学生初期训练的时候，倘若一下子把他们置于这样的考题之下，很容易让学生产生畏难心理。从写作的角度上看，句子仿写不失为一个培养学生写作能力的好方法。在往年的高考卷中也有类似的题型，可以用往年的高考卷中的句子仿写作为训练的一部分，不仅为句子仿写打下基础，也能使学生构建议论文写作的语言能力。例如，2016年高考语文（广东卷）有一道仿写题是这样的："思考是一种启迪心智的旅行，深入的思考能够活跃你的头脑，拓展你的思维，沉淀你的智慧，丰盈你的精神；阅读是一种照亮心路的对话，广泛的阅读能够_____，_____，_____，_____。"参考答案为："丰富你的知识，开阔你的眼界，陶冶你的性情，净化你的灵魂。"仿写锻炼了学生模仿的能力，同时能打开学生的思路，使其用相同的比喻来修饰想要表达的效果，这不仅仅是一个写作的过程，也是语言逐步严谨的过程。句子仿写是让学生模仿，但不是抄袭。

句子仿写可以充分运用课内文章，将可读性强的、经典的部分抽出来，对某个文段进行练习。例如，在学习《祝福》一课后，让学生体会环境描写；在学习《林黛玉进贾府》时，让学生进一步挖掘人物描写，从王熙凤的未见其人、先闻其声，到贾宝玉的正面、侧面描写，以及描写林黛玉时的白描，短短的课文片段中包含了许多描写手法，这可以作为训练的一部分。学生写出来的文章之所以缺乏深意，泛泛而谈，大多数都停留在写作的表层。而类似的训练可以让学生从描写开始，磨炼自己的文笔，养成写作所需要的有深度，并且具有真情实感的习惯。任务驱动型作文的写作实属不易，一座大厦总是由沙土慢慢堆积而成，没有一蹴而就这么简单。只有教师慢慢从日常的教学中不断渗透写作意识，方能让学生在今后的议论文中大展拳脚。

从高一的记叙文写作过渡到任务驱动型作文的写作，在充分利用课文的情况下，从《林黛玉进贾府》《祝福》等课文过渡到《拿来主义》这类议论性较强的课文，文言文中也不乏可以用于写作训练的课文，如《劝学》和《过秦论》。在教授课文的过程中，教师应有意识地传达议论文写作方法，特别是《拿来主义》，从任务驱动型作文的角度来看实属一篇范文。任务驱动型作文常常将考生置于选择之下，那么教师在教这篇文章时就会发现，文章写作的前提是在阐述"中国一向奉行闭关主义"，并且提及"送去主义"之后，再提出"拿来主义"，先破后立的写作手法值得借鉴。文章可以看成是将作者置于三种主义的情境选择之下，让作者选择，鲁迅先生明确地指出"要拿来"和"如何拿来"，教师可以设置类似的情境选择，并借鉴文章的手法，指导学生如何来论述自己的观点。《劝学》一课则借鉴其论证手法，开篇第一句就提出了"学不可以已"的观点，并提出论点。接下来用了不同的论证手法，通过正反论证、比喻论证等手法说明了学习的重要性，作者把对比的双方的条件和结果都推向极致，增强了论证的说服力。学生在仿写的时候，从论证角度出发，试着用书面化的语言借鉴文章的手法说明某一个论点。写作要在日常的点点滴滴中见得成效，符合教学规律的学习能够让学生循序渐进地进行任务驱动型作文的写作学习，如果从一开始就弱化了写作的困难度，就有利于提高学生的接受程度。

从仿写出发，让学生养成仿写的习惯，能够使他们的文笔得到锻炼。在作文课上，教师可以单独提取出优秀范文的某个片段，让学生对这个片段进行赏析和仿写，这不仅能增强被评为范文的学生的自信心，也可以增强学生的互动交流和独立构思能力。句子仿写如果使用得当，在日常训练中的效果拔群，那么学生的练习成果在任务驱动型作文的写作中就能展现出来。在论述过程中，一旦使用精准严密的论据，之前的句子仿写带来的语言拓展能力就在能够在此刻派上用场。

模仿仅仅只是开始，写作教学的重点是培养学生写作的能力，在学习了多数描写手法和论证手法之后，学生在面对议论文乃至任务驱动型作文时方能临危不乱，再根据之前的练习加以迁移，形成自己的理解。仿写教学的最终目的是引导学生从模仿慢慢转型为自己创造，写出真情实感的内容，而不是泛泛而谈，在文章中穿插自己的语言、想象和感受等，这样，即使是运用同一个论据，同样也可以妙笔生花，写出不一样的内容。学生要在文章中把自己的思辨展现给读者，能让读者感受到，这是一篇有深度的文章，而不是苍白的、毫无说服力的文章，这样的作文是深受读者欢迎的，也是教师教学的方向。

（三）广泛阅读文章，留心身边可用的素材

第一，广泛地涉猎不同领域的文章。掌握一定的写作技巧不是一朝一夕就能够做到的，要想提高写作水平，就需要在日常里注重系统积累，广泛的阅读是积累中重要的一环，语文积累是改善学生写作时无话可说的基本途径。学生只有涉猎的范围广了，读的书籍足够多，写作时才能不会慌乱，才不会导致套用无效的论据后再进行泛泛的解读。许多人的论据太过陈旧或者没有典型性，这就是阅读量不够，只能东拼西凑。所以，在任务驱动型作文写作中，阅读是至关重要的。在具体的教学中，教师要利用多媒体等多种手段想方设法地调动学生的学习兴趣，从而使他们在课后自主对相应的内容进行再学习，激发他们识记和拓展的欲望。在备课过程中，教师可以大量地搜索与课文相关的材料和资讯，将其作为拓展的部分，如在讲《林黛玉进贾府》或者《林教头风雪山神庙》时就可以通过多媒体播放相应的视频资料，调动学生的学习兴趣，这也是广泛学习的一环，通过对视频的观看，激发了学生进一步找出原文阅读的兴趣。教师要充分意识到高中生这个年龄段的心理特点，普通的书籍和课文需要通过丰富的情节和人物来吸引学生的兴趣，这类图文或者视频在某种程度上更能激发学生的求知欲。

许多家长都面临着一个问题，即不知道如何提高学生的阅读兴趣。许多家长都抱有功利的心态，希望学生积累的素材都能在考场上用上，实际上，这种看法是相对狭隘的，甚至有些家长会自行选定一些文学名著，强迫孩子看完后写观后感。摘抄语文积累的途径有很多，不仅仅只有阅读名著这一条路，名著之所以能够流芳百世，自然有它的经典所在，但是如果强迫学生阅读，则容易产生相反的效果。广泛阅读的前提是学生愿意自己寻找材料，并且自行阅读。教师应该把阅读的选择权还给学生，如果学生对古代小说感兴趣，可以寻找与古代小说相关的书籍，在阅读之后，学生必然能对情节或者人物有所感受，自然而然地撰写读后感；如果学生对电影感兴趣，不妨推荐几部经典的电影，如《肖申克的救赎》《人工智能》等，进而激发起学生对于人性的思考，并在观看过后，让学生去寻找相关影评，引导他们用仿照的手法或者自己写一些影评心得；如果学生喜欢诗词歌赋或者对某一个诗人很感兴趣，可以让学生寻找有关这个诗人的生平经历的书籍，对于这个诗人又有什么样的看法，皆可成文；如果学生喜欢的是某一个足球明星，每个人成名前都经历过艰辛，积累他们的生平事迹，同样也是一个提高阅读兴趣的方法。

在进行阅读积累时，教师也要有意识地培养学生形成系统的习惯。例如，学生在阅读书籍时，不应只单独地摘抄好词、好句、好段，应从书籍的整体入手，看文学大家是如何构思和罗列框架的，从中抽取出精华的部分，而非停留在只言片语中，并对积累的好文段进行分类，还可以加上自己对这个文段的看法和随想。教师要鼓励学生养成在积累中思考和梳理自己思维的习惯，从不同的材料中进行延伸，广泛地进行阅读和思考，形成自己的资料库，这样有助于后期任务驱动型作文的写作。

广泛阅读不局限于书籍和视频，报纸、广播甚至是与他人交谈都能有所收获有所得。广泛阅读不是一个机械的积累过程，在阅读过程中尽量减少自己的功利之心，用轻松的态度面对积累、面对写作，在潜移默化中形成良好的积累习惯。

第二，要留心生活中的点点滴滴。语文的积累过程需要学生自我感受生命，发现生活中的美妙之处，用善于发现美的眼睛去对待日常生活，哪怕是不起眼的一个细节或者事件都能够成为写作的素材。观察与发现不能被教师和家长过于功利化，如出去游玩就一定要写游记，或者做家务就必须写日记，这样做的结果就是，学生做任何事情但凡涉及写作就充满了压力。语文当中的发现生活不是被迫的，需要学生养成留心生活的习惯，用轻松愉悦的心态对待作文写作，减少学生的心理压力，让他们真正有感而发。《文心雕龙》中有言："缀文者情动而辞发，观文者披文以入情。"[①]古人写文章或作诗，往往是有感而发，在这个前提下创作出的文章必然包含更多的情感。我们不能要求学生在一开始就具备古人的写作态度，但可以提前让他们养成写作需要情感的习惯，到

① 刘勰.文心雕龙[M].北京：人民文学出版社，1981.

了后期任务驱动型作文说理时，才能把情感隐藏于字里行间。"世事洞明皆学问，人情练达即文章"，一篇具备真情实感的文章无论何时都具有可读性。在日常生活中，人们会忽略许多细节。在留心生活的过程中，我们应该寻找可以成为任务驱动型作文的素材，有意识地积累典型或者较为有说服力的论据。留心生活不是要求学生逢好词好句就抄，这样的积累大多没有目的性。学生盲目地积累放在本子里，等到要写作文时翻出来看一看，全是一些不成系统的杂乱无章的片段和文字，这对写作也没有多大用处。留心生活的前提是对生活有所感悟，在感悟的基础上有意识地去寻找分类别的素材，这样积累的材料方能在写作时大有用处。

（四）整合所学内容，实现资源与他人共享

第一，学会回顾。在积累中，教师和学生往往会忽略回顾细节。由于长时间的知识内化，因此需要每个时间段不定期地进行回顾。但是，在日常教学中，教师担心提问和回顾占用课堂时间，于是就省去这一环节，但这种做法不利于学生的知识建构。学生每天都接受新知识的注入，他们容易形成所看即所得的习惯。事实上，教师讲课不仅是教会他们语文知识，更要培养其语文能力。在一堂普通的阅读课中，除了简短的诗歌，如长篇文言文，都需要教师将文言文知识和课文内涵进行串讲，这样的课文在一课时内是无法全部讲完的，那么，每个课时中就需要对课文的知识点进行重复和回顾，用适当的提问和回顾来提醒学生需要注意巩固知识，在回顾中形成一定的教学迁移。例如，在《声声慢》的讲解中，教师可以将上一课学过的《醉花阴》和选修教材中的《一剪梅》列出进行比较，使学生形成对诗歌的认知。再如，教《登高》时，教师可以让学生回顾之前学过的关于秋天的诗词或者课文，因此《天净沙•秋思》《沁园春•长沙》《故都的秋》等就自然地被学生从记忆库中调选出来，巩固之前学过的知识。在回顾和识记里形成教学迁移，也能让学生养成对比阅读的习惯。教师指导学生完善自身的知识系统，也有利于学生写任务驱动型作文。学生把良好的阅读习惯引申至积累，形成学习迁移的习惯，把积累的材料进行分类，这样在今后的写作里，就能举一反三，轻松地从信息库调取所需材料。

日常的回顾也包括小测试。检测的目的是检查学生是否学有所得，要想在遗忘前形成永久记忆，就要不断地记忆和检测，如果学生在反复温习的过程中还能有新的收获，对于建构语文系统也大有裨益。通过课堂的小测试，采用问答或者试卷的方式，可以检测学生的知识掌握度，以此巩固学生的记忆；用竞猜或者比赛的方式，更能调动学生的积极性，让学生在竞争中学会积累和回顾，形成小组积分制，小组的积分越多，期末时的奖励也就越多。奖励的形式多样，如买书卡或考试加分等，从而激发学生的兴趣。学生在学会主动检测自己的知识的同时，为了保证自己的答案是准确的，还会去翻阅资料、查取相关文献，这样学到的知识也更加多样化。

第二，将手上资源进行共享。语文是一种习惯的接力，教师鼓励学生进行交流共享也是教学中的一个环节。班级里可以开设一个读书角，教师引导学生把自己近期读过的书籍放到读书角里，在书的里层放上读后感，学生在翻阅过后，将自己的感悟写在里面。除了读书角，学生在学习间隙也可以自己和同桌或者学习小组进行诗词歌赋背诵的比赛。"熟读唐诗三百首，不会作诗也会吟"，这句话说明了识记的重要性，把古人的语言记在脑子里，最后内化成自己的语言，日积月累的识记比赛会形成自行背诵的好习惯，对表达能力和写作能力都有举足轻重的作用，由于如今的高考改革增加更多的篇目需要识记，从长远来看，这有利于提升学生的积累能力。背诵过的篇目最终都会成为自己的知识，学生也不用在写作时想方设法地从各种诗词书籍中寻找材料，然后再生硬地引用，他们如果遇到优美的黄昏就能自然而然发出"秋水共长天一色"的感叹，面对萧瑟的秋天江景也就能吟出"无边落木萧萧下，不尽长江滚滚来"的诗句。关于背诵识记这一活动，可以让学生找一些感兴趣的诗词，进行背诵的小比赛，小组成员互相监督大家的背诵情况。另外，开展读书会也是交流共享的一种形式，学生定期把阅读书籍的感想整理成文，在读书会上和同学们交流。在交流过程中，学生可以提出不同的看法和想法，在思想的碰撞中积累相应的写作材料。

二、重视写作思维，实现思辨能力的提升

（一）训练发散思维，贯通阅读和写作教学

《普通高中语文课程标准（2017年版）》指出："语言文字运用和思维密切相关，语文教育必须同时促进学生思维能力的发展与思维品质的提升。"写好任务驱动型作文，发散思维必不可少。从原本的新材料议论文开始就应该对发散思维进行日常的训练，到了任务驱动型作文，其辩证性和严谨性相较之前更为严格，学生发散思维的提升迫在眉睫。思维能力的培养是为了打破现有的作文教学单一化的现状，而发散性的思维从某种程度上能体现学生的思维灵活度，学生在面对相同的问题时，是否都具备相同的看法，还是能够将思维扩展到不同的方面。随

着语文教育的不断发展，训练发散思维教学也在逐渐地改进。任务驱动型作文的写作涉及方方面面，在初期构思审题时，需要用开阔的思路打开题目的缺口，按照题目所设定的要求进行辩证。这和新材料作文有一定的区别，新材料作文的思维可以是单向的，将题目中的关键词抽取出来之后，进行观点整合和再塑造，对于学生来说，这样的思维发散难度并不大。任务驱动型作文的写作需要设定一定的条件，更考验学生在既定范围内发散思维，教师通过训练发散思维，从而打开学生的思路。具备良好发散思维的学生在看到作文题目时就能根据题目要求进行审题立意，随着他们思维的不断开阔，在提纲完成之时直至写完全篇后就能看到不同的思路。

首先，使用适当的发散思维训练可以提高学生的思维能力。教师可以选一些具有特征的事物，让学生从不同的角度去加以思考，从而得出不同的看法，引导从某一个角度出发，考虑是否可以从一个方面成文。再与同组同学进行交流，说出自己的看法，给出不同的答案。每个学生在看到同一个事物时，想到的内容和方向不一定相同。如课桌，从外观上看，呈现为方形；从颜色上看，每个学校的不尽相同；从作用上看，可以用于写作和学习，或者置放书本及其他物品；从与人的关系上看，有鲁迅的故事、有与同桌的故事等。再如，教师可以选择一些毫无关联的词语，让学生将这些词串联起来，写成小故事或者说理小片段，并且在这个片段里必须出现这些词汇。练习从两三个词汇展开，这样的训练方式给了学生很大的想象空间，学生可以根据自己的经验将词汇联系在一起。这样的训练，可以开拓学生的思维，提升学生的发散思维能力。练习要求学生在规定的范围内思考，这样有助于提高学生的任务驱动型作文写作发散思维。

其次，在教学中，要把阅读教学和写作教学融合在一起。在日常的阅读教学中，我们要使学生养成敢于表达不同见解的习惯。高中生的思维尚未定型，面对课文会有自己不同的看法，作为教师，我们要重视学生有价值的质疑和新的见解。正所谓"一千个人眼中有一千个哈姆雷特"，每个人的生活经验不同、知识积累不同，并非所有的学生都能一次性达到教师的教学期望，或者回答出相同的答案，在不断地启发和问答中，他们总能有新的看法或见解。例如，在教授《雨巷》一课时，由于本课的象征性比较突出，学生理解起来有一定的困难。于是，笔者抛出这样一个问题："你们认为雨巷的姑娘代表着什么？象征着什么？"同学们的回答是不一样的，有人说"那是戴望舒想象中的心上人"，也有人说"'雨巷的姑娘'象征着是理想"，还有人说"是未来的希望""政治追求"等。让笔者出乎意料的是，有一位同学认为姑娘是知音，诗人想要追求这样一个志同道合的人却无法寻到。这样的答案在以往的教学里并不多见，但是也更新了笔者的认知。所谓的"教学相长"不正是学生与教师在一问一答中彼此获得成长吗？

教师需要从授课初始就建立起一个民主而又轻松的课堂氛围，在这样的课堂里学生在问答中可以敢于说出不同的答案。在课堂提问环节，只要学生回答恰当即可，教师无须一味地强调标准答案的重要性。现在的学生之所以在写作时无法跳出思想的禁锢，正是因为受到多年的标准答案的束缚。在学生回答的过程中，教师要鼓励学生开拓思维，可以对大致与文章相符的答案进行肯定和鼓励，以此来保护学生的自尊心，激励学生多进行思考。如此一来，在日后的教学中，学生就愿意钻研和思考，并且能针对不同的答案表示自己的看法。教师可以多启发学生，在问答里互相进行思维的碰撞，遵循学生每个阶段的思维特点，因势利导，再逐步解答疑问。在适当的时候，教师要加以点拨和提升。开拓思维有利于学生写作思维的养成，但是学生的社会经历和思想架构不够成熟，说出来的答案往往无法成为系统或者完整的答案。在问答过程中，教师要不断地纠正和引导学生，让学生自己慢慢找到问题的规律，形成较为系统的答案。在开展发散思维的过程中，教师应该尊重学生的思维特点，尊重学生答案的独特性，并根据标准答案对学生的回答进行补充。但这样的发散思维也需要有一定的限度，当学生在不切实际、天马行空地胡编乱造时，教师要及时制止，但不要用强迫的方式让学生接受观点，也不能简单粗暴地打断学生的表述，应选取合适时机，巧妙地制止学生。

最后，训练发散思维落实到写作的训练，则是教师指导学生根据具体的作文题目，从多个层面考虑问题。任务驱动型作文比新材料作文更加需要发散思维。例如，2015年全国一卷高考语文作文题："因父亲总是在高速路上开车时接电话，家人屡劝不改，女大学生小陈迫于无奈，更出于生命安全的考虑，通过微博私信向警方举报了自己的父亲。警方查实后，依法对老陈进行了教育和处罚，并将这起举报发在官方微博上。此事赢得众多网友点赞，也引发一些质疑，经媒体报道后，激起了更大范围、更多角度的讨论。"这个是典型的任务驱动型作文，学生可以通过发散思维从不同的角度来分析题目。文章要想写得有张力、有深度，就要从各个层面探索这一做法的对与错。从文化价值方面分析，这是情与理之间的碰撞；从社会价值分析，这是法律和隐私之间的两难；

从思想价值方面分析，这是媒体与社会的传播；往更深层次分析，涉及社会影响及社会和家人安全的维系。通过不同的角度，解除思维的禁锢，我们就能发现，针对一个社会现象可以探索出不同的价值取向，并且涉及不同的社会层面。针对任务驱动型作文写作，学生分别可以阐述自己的观点，从不同层面来思考，教师在引导的基础上加以点播，无形中就训练了他们的发散思维。日积月累的训练和引导，当学生再遇到任务驱动型作文，大脑中自然浮现之前教学的情境，有意识地遵循教学思路进行思维的发散。

（二）进行联想训练，释放学生的想象空间

写作离不开想象思维。联想，是从某些事物、人或者概念联想到其他事物、人或者概念。联想分为四种，即相似联想、相关联想、相反联想和因果联想。加强联想训练，能够让学生在写任务驱动型作文时的思路更加开阔。

相似联想是外部形态上的相似或者内在逻辑上的相似，人们针对其相似性进行联想。例如，《荷塘月色》中形容荷叶像亭亭的舞女的裙正是相似联想。又如，《拿来主义》中将对待文化传统用三种比喻来形容，抽出本质来看分别是逃避主义、虚无主义和投降主义，这类联想通过生动的比喻来说明事物的特征，可以更好地对事物进行说明。相似联想是人们经常使用的联想，它利用事物间的相同之处打开思路，但是如果经常使用相似联想，人们的思维容易受到束缚，就会形成固定的僵化模式。在写作时，应尽量避免使用众人都用的比喻，将相似联想的训练着眼于事物的细微之处，避开大众的联想方向。

相关联想是时间和空间上与另外的人或者事物相关，当思想和千年前的事物或者事件相连接，文章则更为大气。例如，在《牡丹亭》中，丫鬟春香祭奠死去的杜丽娘，她看到自己身上穿着的恰是杜丽娘生前穿过的衣物，不由睹物思人。这就从思维上打通了时空，从一件衣服联想到从前的人，人们在日常生活中的睹物思人正是相关联想。相关联想常在文章的开头部分出现，用倒叙的手法记叙从前的故事。相关联想的训练则比相似联想更加困难，学生习惯性地从事物的外观或者用处上进行想象，在时空上的发散比较少见。相关联想在空间上和时间上都没有固定明确的要求，在平时训练中能够联想得当即可，如由同学送的一支笔，可以联想到和同学之间的友谊，或者同学的某个事迹，在适当的范围里都可以进行联想。

相反联想又称"对比联想"，即从事物的对立面出发，如光和暗、水与火、善与恶等。相反联想在任务驱动型作文教学中，可以用作初期的关系型议论文的训练，如以"争与让""坚守与追求""失败与成功"为题，让学生在相反的联想中，思考如何将观点进行扩散。虽然两者是对立面，但是在立意时就要注意是否二者取一，还是两者兼得。

因果联想是联想的一种。其特点是由一种事物的经验联想到另一种与它有因果联系的事物。两种事物之间存在一定的因果关系，由一种原因会联想到另一种结果，或由事物的结果联想到它的原因等。

联想训练是为了打开学生的思路，使他们的思考范围更加广阔，而不是让学生仅仅局限于当前的题目或者材料。任务驱动型作文的时效性和思辨性决定了学生在写作时需要紧扣当时的社会背景和社会层面，从多个角度来阐述事件的错与对。论证过程也是思绪不断发散的过程，如果没有联想能力，学生很容易被题目牢牢锁住，无法走出事件本身。

因此，对于学生写作而言，联想训练在日常的学习过程中也是非常重要的。

（三）提高辩论水平，使用不同的论证方式

任务驱动型议论文题目中所涉及的事件往往带有很大的争议，没有绝对的对与错。相比较之下，新材料作文的争议性较少，学生通常能够从题目的字里行间寻找论点并以此引申出两三个分论点。题型的变动让学生无从下手，在这样的情况下，学生往往会用曾经积累的材料进行辩证。认识的肤浅和思想的苍白正是这一代中学生的通病，如果不加强理性思维的训练，就会降低整整一代人的水平。由于口常辩证训练不足，因此无法达到理想的效果，上文中提到的学生只有对事件的讲述而无说理，或者过于片面地看待某一事件，这就是学生思辨不足的结果。

首先，提高辩证的水平。辩证分为口头和写作两个方面。从日常教学中渗透口头训练至关重要，高中语文课堂不仅仅是阅读教学的主场，还能在细微之处穿插相关练习。口头训练的方式有很多，如课前五分钟等。教师可以在课前五分钟给学生提供一个提高口头表达能力的平台，每个学习阶段让学生选取不同范围内的话题，并对话题进行讲述。在这个过程中，教师可以运用多媒体等多种形式。

课前五分钟可以锻炼学生的胆量和表达技巧，让他们敢于在人前进行演讲，这样也能为后期的辩论赛打下基础。在学生陈述自己的观点过后，允许其他同学对他所说的话题和内容进行分析或者质疑。以下是笔者在福州某中学授课时，学生在课前五分钟演讲所呈现的真实课堂实录片段。

生1：成长是一件悲伤的事情。引用罗振宇的一句话："父母从来不能阻断孩子的梦想，他真正要做的事情你从来遏制不住，你只干了一件事情，就是把你一生当中最灰色、最阴暗的那些懦弱的成分，像瘟疫一样传染给了你的孩子，使他在人生选择的关头，不会迈出勇敢的那一步。"我的经历就是，从小到大被父母严加管教，我要做的事情他们从来不让。

生2：我不同意生1的观点。你的经历确实很令人惋惜。从某些层面来说，父母确实阻遏了你的决定，但是你现在的思想和"三观"正是在和父母不断碰撞中形成的，成长并不全是悲伤的一件事。你因为无法做到某些事情而否定了你与亲人其他相处的时刻。第一次学会走路，第一次学会穿衣，第一次学会辩论，这都是你的成长，不能说父母给予你的全是阴暗面，你还尚且在家，如果他们断了你的生活来源，将你驱赶出去，流落街头，那个时候说悲伤还来得及。你举的例子太片面。

生3：我同意生2的观点，我们害怕变成自己讨厌的样子，但是对于父母的意见和要求，可以表面听从，内心尊重自己。

师：你们的父母也是第一次为人父母，也许有些地方做得不对，但是无论何时，我们要怀抱着一颗感恩的心。人生是一个加加减减的过程，我们可以对加之在身上的东西进行取舍，有的人加着加着就忘记摒弃糟粕，有的人减着减着却能做到返璞归真。无视家庭或者将来的社会对我们的影响是不可能的，我们可以在其中保持一份自我。成长有悲伤、有快乐，我们不能完全把它全盘否定，我们的人生应该既有积极也有消极的一面。希望你们在未来面对种种时，还能记得今天说过的"想要拥有一个独立完整人格"这句话。

上述课堂实录仅记录了课前五分钟里的针锋相对，学生在思想的交锋中磨砺了自己的思想。他们在课前五分钟环节中不会有心理负担，能从对方的说话内容里找出错误和漏洞，从而立下自己的论点。在这个过程中，教师提醒学生把上台演讲的内容和辩论的角度记录下来，用作日后的写作素材，积累正是从这教学的点滴中实现的。教师可以在一旁等待每个学生发表自己的看法，在适时的时候点明主旨，以防话题走偏，最后将各个观点加以整合。

孔子和苏格拉底分别为中西方的圣贤，他们对学生的教育就是，在对话之中碰撞思维的火花。苏格拉底的"产婆术"更是在不断地诘问中，让学生一步步接近真理，而不是直接将所有的知识用"填鸭式"的方式灌输给学生。再者，春秋时期的各派人物也是在舌战群儒的过程中证明自己的观点的，以求得一席之地。辩论的过程是思维不断完善的过程。学生通过辩论，找到对方的思维漏洞进行反驳，以推动自己的思维建构，让自己的思维更加完善。

除课堂五分钟的小辩论之外，举办专门的辩论赛也有利于学生思辨能力的形成。将辩论赛改成多向式的交流，教师在辩论过程中应注意每个辩手的发言，精妙地设置能够成为讨论焦点的疑点，辩论的题目设置可参考教科书，如课后留下的问题。这样不仅能活跃课堂气氛，也能在授课过程中提高学生的兴趣。如"《鸿门宴》中如果你是项羽，你会不会手刃刘邦？""《孔雀东南飞》中如果你是刘兰芝，你会不会答应后面的婚事？为什么成婚后才投河自尽？"等，我们应让这些问题成为思辨教学的突破点，为素质教育服务。从某种程度上说，以往的任务驱动型作文题目都具备辩论点。但正是因为它们有争议，所以这样的题目能够成为考验学生思辨能力的一种方式。这些任务驱动型作文题目也可以成为辩论题目，如"蔡铭超造成国宝流拍事件""女儿举报父亲"等都可以作为辩论点。辩论过程激发了学生的兴趣，使他们在潜移默化中提高思辨能力，一来一回之间，培养了学生积极的学习态度，使学生愿意在语文课堂上辩论，逐渐增强其说辩能力。

其次，使用多种方式进行论证。学生在辩论时，面对材料却不会引用，说理不透彻或者过于片面。运用多种论证方式能让文章更有思辨性，更具说服力。

第一，对比论证。对比论证在许多古文中也可以见到，如司马迁在撰写《史记》时，以刘邦的深谋远虑和项羽的优柔寡断、蔺相如的宽容大度和廉颇的居功自傲等来显示后期的政治命运和他们的性格有所关联。《劝学》里的骐骥和驽马、《师说》里的士大夫和巫医乐师百工之人等都用了对比手法。对比分为以下四种：一是纵比，如历史与现实；二是横比，如美与丑、好与坏、善与恶；三是同一对象先后对比；四是不同对象的对比。在对比说理中，需要注意的是，选定对比的物象与本体之间需要有某种可以用来比较的关联；在对比过程中要紧扣对比的性质；推出结论时注意说理，不能武断或者强制得出某个结论。

第二，假设论证。假设论证可以从事物的另一面出发，设置某一个特定的情境，对情境加以描述后，能够得出自己的结论。假设论证从事例和析例的正反映衬来写十分具有说服力。例如，"蔡铭超造成国宝流拍"一题，可以这样假设论证："如果我们都把蔡铭超当成民族英雄，把他的所作所为奉为圭臬，置诚信于不顾，弃规则如敝屣，我们的民族会成为什么样的民族？如果我们自甘于混乱无序，自溺于尔虞我诈，恐怕圆明园般的大火随时还会继续燃烧。而在这个时代，规则不正是我们不可或缺的利器吗？诚信不正是我们阔步向前的基石吗？一个文明法治的国家，一个蒸蒸日上的民族，又何愁国宝回不来呢？"语句中运用了假设论证，也包含了反问句等句式，使得说理更加可信。运用假设论证可以对所用的论据进行分析来证明自己的观点，但是在对语段进行假设分析时，如果举的例子是反面，我们可以从正面假设分析；例子是正面，则就从反面假设分析，这样就不至于说理时无从下手，只困于材料所提的事件之中。

第三，因果论证。因果论证要抓住论据陈述的事实来推求形成的原因。事出必然有因，我们可以根据事物发展的因果关系从事物的结果推求原因，揭示一定的生活规律。因果论证使内容更加深化。例如，有一道任务驱动型作文的题目如下："地铁上有一男子随地吐痰，遭到指责后，竟不停地用污言秽语和乘客们对骂。一黑衣壮汉忍不住，拨开人群走到'吐痰男'跟前踢去一脚，吐痰男顿时安静下来，一语不发。此时，有出来劝架的乘客指责'黑衣男'打人是不对的。更多的人则认可黑衣男的做法。这段视频被上传到网络后，引起了更大范围、更多角度的讨论。"普通的因果论证在以往的新材料作文写作里可以随意发挥，但是针对任务驱动型作文中有争议性的现象，我们就要从事物的外在出发，抽丝剥茧，找出这一现象的本质原因。任务驱动型作文中使用因果分析，非常考验学生的推理能力。对于上例这个现象，我们可以分析"吐痰男"的做法在很大程度上是为了跟风，这种跟风从众心理是分不开的，再运用前文提及的联想，把中国式的过马路和这一现象进行联系，然后分析论述。因此，不同现象的背后隐藏着不同的本质，而因果论证就要跳出现象之外，探寻事件发生的本质。

第四，引用论证。引用论证可以增强语言的表现力，加强感染力。有的学生擅长用名人名句或者警句来对自己的说理部分进行分析，而引用正是为了证明论点而服务的，通过名句来叠加表达效果，可以使分析更具说服力。

某任务型议论文的题目如下。

又到了高考填报志愿的时间，全国各大高校的学子纷纷响应，为本校制作诸如"我在××大学等你来""再不来××大学，学姐就走了哦""学长学姐，总有一款适合你"的创意招生广告。照片上美丽的校园、帅气的师兄、漂亮的师姐，以此吸引各地的考生前来报名。

以下是福州某中学语文教师写给学生的例文片段，经其同意后可作为笔者的引用材料。其中就用了引用论证。

但是，大学的魅力真的是靠颜值炼成的吗？如果新生们看到哪所大学的颜值高就往哪所大学跑，我敢说，他们不是忘记了进大学的目的，就是根本不知道何为大学。曾任清华大学校长的梅贻琦说："所谓大学者，非谓有大楼之谓也，有大师之谓也。"无疑，学识广博、学术拔尖、道德完善、人格高尚的"大师"，才是大学的精华，才是大学的立校之本。试问，哪所大学没有青春年少的脸庞，而那些独领风骚的大师又是几所大学能够拥有的？

倘若直接批判作文题目则缺少些许的说服力，例文引用曾任清华大学校长的梅贻琦的话来说明大学的立学之本，批判用颜值吸引学生的做法。引用作为一种手段，它用权威的声音增强文章的力量，将引用的部分和文章内容适当地结合在一起，能够达到更好的劝说效果。除了上述的论证手法，还有举例论证和对比论证等，在写任务驱动型作文时，要擅长运用多种论证方式增强文章的思辨性。

（四）重视片段写作，提高学生的写作能力

在任务驱动型作文初始的教学中，不适宜直接抛出整个题目让学生着手写八百字的议论文。片段写作以语段的形式出现在学生的练习当中，它更能突出写作能力的培养，要求学生用短短的一两百字着重描写某个片段。相对于写一整篇的议论文，学生更能从心里接受这样的练习方式，如练笔的小短文或者是一篇微型的小作文。由于篇幅比较短小，片段写作在教学过程中极好操作，可以放在课堂上当场完成，教师能够根据学生写的小短文进行互动，学生也更有成就感，片段写作不失为针对任务议论型写作而提高辩证水平的一个良好方式。例如，练习截取某一个事件，用于讨论事物的某一个方面，或者讨论对事件的看法。片段写作分为不同的类型，即描写型的练习和议论型的练习。

描写型的练习着重对某一个事物进行描述，如外观或者内在本质，或者是截取生活中的某一个片段进行叙述；议论型的练习着重锻炼学生的论证水平，参照前文所提及的各种论证方式加以练习，可以是对一本书或者某个片段，也可以是对某个影片的看法。教师要引导学生关注社会上的弱势群体，以此来激发学生的社会责任感，让学生明白写作不要求面面俱到，但一定要做到精和透。在具体实施上，教师要针对每个阶段学生的具体情况来设定不同的教学目标，合理设置片段写作的层次，有计划、有梯度地进行片段写作的练习。

前文所提及的任务驱动型作文的写作现状缺陷，能够让学生在片段写作里慢慢得到改正。在写一段时间的片段之后，再逐步转移到整篇的任务驱动型作文写作中，让学生有更直观的感受。学生写作从片段走向议论文，在整个过程中，他们需要不断积累论据，提高自己的思辨能力，通过运用多种辩证方式来增强文章的说服力。片段写作的形式有很多，如课后写一些评论或者观点，或者将课前五分钟的内容作为话题进行片段写作，这些都能带动学生在片段中不断改正，用多种方式让学生接触写作并不断克服对写作的畏难心理。这样，学生就更愿意去写文章，从而实现由量到质的飞跃变化。从片段写作再逐步过渡到整篇写作，让学生循序渐进地实现任务驱动型作文的写作突破。

三、学会立意构思，精确判断写作的主旨

（一）抽取材料有效内容，确定文章的写作方向

任务驱动型作文的立意是学生能在考场上写出符合要求的文章的关键。许多学生在写作时无法准确地判断题目中所给出的方向，他们写的文章，有的没有中心论点和分论点，有的却有多个中心论点，有的甚至转移了基本论点方向，还有一些学生在写作时所写的论点与论据无关等，这些现象都是偏离了题目方向的表现。所谓立意，就是为了确定写作的主旨，定下文章的大体基调。任务驱动型作文的写作立意，要求学生首先根据题目所给定的材料进行判断，再定出中心论点。主旨是整篇

文章的灵魂，倘若文章失去主旨，则会变得形神俱散。

学生在考场上的时间十分有限，如何在短时间内迅速过一眼题目，从中抽取有价值的内容，再进行立意判断，构思出一篇文章的框架，这着实考验学生的功底。大部分学生在阅读材料时，心里就有一杆秤，他们会按照自己的内心标准判断事件的对与错，再进行主旨的确定，然后开始构思文章的框架。这样做在写作中是不够严谨的，写出的文章容易偏向。学生看到题目之后，要用任务驱动的思考方式进行构思，从材料中提取产生矛盾的点，而不是把矛盾点泛化成许多人或者一类人。在论证时可以进行人物的扩展，但是首先要就事论事。许多学生写任务驱动型作文最经常犯的错误就是泛化问题，这个在审题立意之时就应该避免。动笔时首先就要确定好文章的立意方向，然后再进行写作。

（二）实现从现象到本质，用思辨方式进行写作

写作时要从一般的现象跳出来，找出事物的本质，再进行论证，因此就要对材料进行审视，抱着思辨的态度看待材料。

思考有三种方式，分别为正面思考、反面思考和整合思考。

正面思考，顾名思义就是按照我们现实生活中的日常逻辑和规律，按照常规和传统去推导和思考。能够作为考试的材料，必然有其值得称赞和鼓励的方面，命题者也是从社会主义核心价值观方面来考虑当下的拟题。教育要立德树人，无论是社会主义核心价值观还是依法治国，或者是在中国优秀传统文化和创新能力方面，都要有所考查。全国卷曾经出现利用材料创设风采人物评选的情境，类似的题目都贴近现代社会、贴近生活。虽然事件多有争议性，但积极的一面必不可少，就需要学生顺从着材料的指向，同样也是顺从自己的心意，找出材料里积极和值得

赞扬的一面。在审题的过程中，首先顺着题目往下读，结合自己的价值判断从中提取出具有正面价值或者值得肯定的一面。

反面思考正是从我们日常的逻辑上反过来思考。反面思考应先建立在尊重原题的基础上，从中找出漏洞。反思意味着要审视自己，跳出日常生活中原有的思考方式。孙绍振教授说："要有自己的思想，关键不在于为现成的观点打正例，而是反例；不是寻找白天鹅，而是寻找黑天鹅，从而对现成的观念进行批判。"[①]学生要从反面寻找论据来证明自己的观点。有的材料之所以让学生无处落笔，无从立意，正是因为题目本身就具备了需要批判的部分。例如，在考试中较为常见的是，材料中某些人物的做法本身就欠缺妥当，这要求学生找出材料里提及的不适宜的部分，选择一个独立的视角来进行辩证。反面思考可以在考场上脱颖而出，但是有些人喜欢散播"求异思维""反弹琵琶"，殊不知为了求异而求异是很危险的做法。反面思考不等于一定要与众不同，反面思考要做到实事求是，在原有的材料上进行合理的批驳。学生在反向思考时一定要注意把握独立的度，切不可天马行空、特立独行。

整合思考就要求从辩证的角度看待事例。将材料进行整合，用适当的方式来处理事例中不同人的做法，积极的部分用以称赞，消极的部分加以批判。整合思考兼容了上述两种方式的优缺点，在考场上使用这样的方法是较为稳妥的。世界上没有完全一样的两片树叶，也没有完全相同的事物，事物中包含消极或积极的成分，看起来似乎是相同的结果，但是造成的原因不一定完全相同，如历史背景、社会环境等不同因素的差异。整合思考正是要求学生用思辨的态度立意，从中抽取不同的部分

---

① 孙绍振.议论文写作：寻找黑天鹅[J].语文建设，2011（9）：8-10.

加以整合，在综合考虑了来龙去脉之后再加以具体的判断。

例如，2015年全国一卷的高考语文作文题，如果从正面思维考虑，女儿的做法合乎法律的要求。在家人屡劝不听的情况下依旧打电话的父亲，时时刻刻关乎车里其他家人的安危。同时，女儿的举报是通过微博来完成的，借助了大众媒体的力量来维护家人的安全。女儿因为爱父之心选择举报，目的很单纯，就是为了帮助父亲改掉陋习，保护家人的安全。这虽然和古时所宣扬的孝道无法契合，但是为了家人考虑，这就是更深层次的孝，从法或者理的角度上看，这样的做法值得称赞。如果从反面思维来进行考虑，女儿的举报让父亲受到法律的制裁，从传统观念来看，这是大逆不道的，是有违孝道的做法。这种大义灭亲的行为，看似维护了公共秩序，却破坏了社会中更深层次的家庭伦常与亲情，女儿这么做无疑是伤害亲情，这样的做法也许还会给父女之间留下芥蒂。如果从整合思维考虑，这样的行为必然有人称赞、有人抵制，因为这涉及情与理的界限，分析时要一分为二，将称赞与质疑相结合。如果学生要对社会现象做出合理中肯的分析，则需要跳出现象本身，找到事物的根源和本质所在。任务驱动型作文使立意判断相比之前困难了许多，但是运用多种思维方式，多做立意训练，学生就能在未来的写作中更加得心应手。

（三）训练拟定题目能力，题目力求独特而生动

高考阅卷的时间非常紧凑，阅卷教师在每篇文章上停留的时间不多。一个好的题目能立刻抓住阅卷教师的眼球，让阅卷教师明白文章的主要内容。一个好的题目应该能体现文章的主体内容，首先要在语言上做到精确凝练，达到言已尽而意无穷的感觉。拟题应该做到简洁，类似

《毅力是人生渲染美的释放》之类的题目不仅烦琐，还有卖弄文采的感觉。关于"蔡铭超事件"，有的学生拟题为《三问蔡铭超》，例文中用了三个问句作为分论点进行讨论，在不断地诘问中缘事析理，用批判者的姿态分析论证。这样的题目不仅简洁明了，还能清晰地指出文章的主体部分，为文章增色。再如，《蔡铭超是个民族英雄吗》直接用反问句作为题目，不经意间也表达了作者的态度，这不仅吸引了读者的注意，还能引起读者相同的思考。拟题要有文采，在简洁的基础上显示文采，做到独特而生动。拟题可以运用多种修辞手法或者不同的角度。学生在构思时能根据特定的环境和自己的经历，从而围绕材料选择写作的角度，运用多种方式来拟题可以让文章更加醒目和生动，从中体现学生的文采和学识。

拟题是一篇文章的浓缩部分，我们要在有限的文字中体现文章内容从而锦上添花。在考场上，如果学生擅长运用逆向思维，用新颖的角度拟出别出心裁的题目，这样可以给阅卷教师留下良好的第一印象，同时对后期的阅卷也就更加有利。例如，运用逆向思维可以拟出"死海不死""近朱者未必赤"等类似带有很强的争议性的题目。再如，运用比喻拟出"人生若为船，选择即为舵"的题目，这样，阅卷教师一眼就看出文章的中心思想。又如，利用不同的句式拟出《什么＿＿＿＿＿是该这样？》等题目，会让人觉得十分具有新意。类似设置这种悬念的方式可以制造卖关子的感觉，能够引起读者兴趣，文章就更具可读性，让读者跟着作者的思路往下阅读。有一篇材料讲的是82岁的老太太靠艰难拾荒来养活年满103岁的老母亲，有题目为《82岁老太拾荒养母是社会之耻》《怎还拾荒养母》，分别是陈述句和反问句，从不同的角度来阐述观点，运用多种句式，让人在惊讶里产生一读为快的冲动。

在拟题时，学生可以综合考虑所写的内容和思路，用新颖的方式吸引读者的注意。在开端就给读者好的印象，能给文章加分不少。

综上所述，任务驱动型作文的写作不是一朝一夕能够练就而成，正是需要长年累月的积累和练习，方能聚沙成塔而临危不乱。

第二章　基于任务群的高中作文系统化教学研究

第一节　基于任务群的高中作文教学要求

一、高中语文课程任务群构成

《普通高中语文课程标准（2017年版）》中将学习内容按照任务群的模式来划分，共划分出十八个学习任务群，这十八个任务群分别从教学目的、学习目标与内容和教学提示来进行详细阐述任务群的学习与教学旨要。

《普通高中语文课程标准（2017年版）》中所提出的"学习任务群"概念关键点在于"任务"和"群"。"任务"即在学习某一文本群时，所连带的具有一定指令性的、必须要学习者完成的一系列问题与要求。"群"即根据文本内部的某种关联组合而成的文本集群，在《普通高中语文课程标准（2017年版）》中以体裁、时间和空间作为文本的内在联系点，划分出十八个"学习任务群"。

《普通高中语文课程标准（2017年版）》中"学习任务群"的提出，使得教学从独立篇章的阅读向群文阅读发展。在以往的课标要求和教材编写系统的影响下，教师教学时，往往以所教学的篇目为对象进行分析和讲解，再深入一些便是以单元为单位进行相同题材的教与学的活动安排，一个单元的文本量为3~4篇，而这样的文本教学往往以文本体裁为划分依据，割裂了文章间的其他联系。以人教版高中语文教材必修一第一单元为例，教材中选取了《沁园春·长沙》《雨巷》《再别康桥》《大堰河——我的保姆》四首现代诗歌，从而让学生鉴赏现代诗歌的艺术特色和内涵。以"群"的方式进行学习，我们将《沁园春·长沙》通过分析现代诗的形式进行学习的同时，还可将其与反映时代特色的作品如《囚绿记》《拿来主义》等放置一起进行学习，让学生感受革命时期青年和人民的生活状况与心理活动。从分析理解型阅读向合作研究型阅读发展，重视单篇阅读的深入理解和挖掘是以往语文教学中的教学特点，新课标中的选择性必修和选修两个部分强调对"学习任务群"的研讨和研习，对学生自主、合作、探究型的学习提出更具体的要求。从碎片式篇章阅读向整本书阅读发展，"整本书阅读与研讨"这一"学习任务群"贯穿于必修、选择性必修、选修三个阶段，着眼于学生整个高中阶段整本书阅读的学习，是对学生以往追求的快速的、碎片式的阅读方式的反驳。写作教学重视"读写结合"，在每一个"学习任务群"中，穿插与任务群文体或其他方面相联系的习作，并提出相应要求，让学生在阅读教学中学会模仿写作，从模仿中最终又独立出来，尝试个性化的创新性写作。

在任务为导向的"学习任务群"教学中，呈现出更益于学生自主性、思辨性、探究性、合作意识和创造性的发展。

二、高中语文作文教学的要求

《普通高中语文课程标准（2017年版）》十八个学习任务群内容中，除了"跨文化专题研讨"任务群，其他十七个专题都明确地提出了对写作文本类型和内容的要求。写作贯穿于整个语文课程当中，"文学类文本"要求会写文学写作（诗歌、散文、小说、剧本）、短文、随笔、杂感等；"论述类文本"要求会写文学评论、时事评论、研究论文、学术性小论文、作品评介等；"实用类文本"要求会写研讨笔记、读书笔记、研究报告、摘要、读书报告、调查报告、内容提要、札记、全书梗概、新闻等，更加全面多元。分析各模块对文本类型的要求，我们除了将其传统地分为"文学类文本""论述类文本"和"实用类文本"，"跨媒介阅读与交流"任务群给予写作教学一种全新的视角，即"非连续性文本"的写作能力；同时，文学评论和学术性小论文的写作要求，丰富了学生的习作视野，将学生写作推向个性化、理性化层面。

同时，《普通高中语文课程标准（2017年版）》对学生的写作提出以下六项具体的要求。

第一，注重积累和对生活的观察："多读多想多写，多角度地观察生活，多方面地增进语文积累，多种形式表达和交流自己的体会。"

第二，注重学生自我意识和理性意识的培养："自主写作，自由表达，以负责任的态度陈述自己的看法，表达真情实感、培育科学理性精神。"

第三，注重学生材料与思路的组织能力："观点明确，内容充实，感情真实健康；思路清晰连贯，能围绕中心选取材料，合理安排结构。"

第四，注重学生个性化表达："综合运用多种表达方式，力求有个性、有创意的表达。"

第五，注重文章的审美："推敲、锤炼语言，表达力求准确、鲜明、生动。"

第六，注重以分享的方式促进学生写作："独立修改文章，乐于相互展示和评价写作成果。"

第二节　高中写作教学困境

一、作文教学系统性不强

（一）体裁图式建构不系统

皮亚杰的认知发展阶段理论针对学生心理发展提出"图式""同化""顺应""平衡"的学习技巧。图式理论是指"围绕某一个主题组织起来的知识的表征和贮存方式为基础的理论"。将图式理论在作文教学中表征为：教师必须先帮助学生建构写作图式，即一篇作文应该是什么样子的，不同文体的作文应该用怎样的结构及表述方式。有了这种最基本的图式建构之后，学生才能进行初级的写作，进而再将原本的知识经验纳入写作图式中，如阅读经验，从而形成新图式和原有经验之间的"同化"，最终新旧图式间相互"顺应"，从而达到平衡状态。诚然，写作图式建构是学生学习写作、教师写作教学得以推行的重中之重。因此，"图式建构就显得尤为必要，而这个建构，主要指阅读建构"，也就是从阅读当中汲取写作经验和素材，从阅读当中学习写作。

出于不同的写作目的，可以呈现出不同类型的文章，如书信包含开头称呼、问候语、正文、祝颂语、落款和日期；记叙文要有时间、地点、人物、起因、经过和结果等；议论文要有论点、论证、论据。这些固定的文体形式就是人们在头脑中形成的文体体裁图式。图式是人脑当中建构的知识经验网络，文本图式就是依据不同类型的文本让作者在头脑中形成文体的固定格式，也就是"写什么，像什么"。这是写作教学的初级阶段，也是写作教学的基础。因此，中小学语文教师在实施写作教学时，最基本的任务就是帮助学生建构文本形式图式，让学生在写文章时能够精准把握文体形式。

从学生学习写作的阶段来看，文本体裁图式建构应当发生在最初接触该体裁的阶段，也就是小学和初中阶段，但事实上，高中生作文表现出的体裁不明的文章普遍存在，夹叙夹议的说明性、描写性或抒情性的散文在高中生作文中占比较大，导致这一问题的直接原因在于高中生对文体体裁的规范不明。因此，重建文本体裁图式刻不容缓。我们必须关注到，从学生文本图式在头脑中构建完成之后（知道了"是什么"），能够在遇到文本时准确辨认文体类型，但是这不代表学生要按照已有的图示来写文章的能力，图式还需要文本阅读的"激活"，否则，图式不可能起作用。也就是说，文本的形式图式需要通过阅读此类文本，并进行对此类文本的模仿练习。建立图示结构后，教师要布置适当的写作任务，让学生练习巩固获得的图式，并形成稳固记忆。

（二）教学内容不系统

我国写作教学中长期存在写作素材的"去生活化"、写作目的的模糊性、写作对象的不明确，导致了基础教育阶段学生文章的虚拟性和形式化，使作文训练往往都达不到预设的目标。

1.教材意识淡薄

写作教材是教师进行写作教学的工具，是教学达到目标的较好方式和选择。在笔者所调查的学校中，写作教材仅局限于人教版的写作单元。在该单元的教学中，大多数教师也只是向学生讲解理论知识（如何审题、立意），更多时候的写作教学是教师从各种途径自行搜集教学材料，教学形式大多呈现为找一篇作文材料，在写作前阅读作文材料，找到关键点，多角度地解读材料，进行审题、立意方面的指导；然后学生在课堂内完成写作；写作完成后，教师进行批改；最后，教师展示优秀范文让学生阅读和学习，同时在此阶段，教师会结合学生作文的批改情况进行指导。

教师自行选择教学内容，从理论上来说，首先，教师能够准确把握、定位学生的学情，根据学生的实际情况来选择教学内容，使教学更贴合学生的接受水平；其次，聚焦高考，重点突出，把学生的写作往高考和高分上引导。但实际情况是，绝大部分教师都不具备系统地整合写作教学内容的能力。放弃写作教材，自行选择教学素材和内容，容易使我们的教学片面化、碎片化、单一化且缺乏层次性。片面化，即从宏观角度看语文作文教学时，没有在系统安排和统筹教学下选取素材，以及教学视角的不全面性和不科学性。碎片化是指在作文教学过程中出现零散的、不系统的素材和知识串联的情境。单一化是指在作文教学中出现的素材、视角、写作方法缺乏多样性变化的情境。缺乏层次性，即在没有科学系统地按照学生认知发展和已有图式的基础上选取素材和教学方法，而出现的重复性和断层性的教学。"东一榔头，西一棒槌"的作文教学阻碍了学生系统性写作知识的建构，因此写作教材的选择是写作教学有效实施的重要一环。

2.写作内容选择视野单一

由事而感，由感而作，这是一种理想的写作状态，语文教材中不乏兴感抒怀的名篇佳作，如《赤壁赋》《醉翁亭记》《小石潭记》《游褒禅山记》等。笔者通过相关调查发现，依托于直接经验的写作素材，在高中生写作中鲜有人问津，更谈不上出彩；而间接经验是高中生主要的素材来源。造成这一问题的原因可归结为以下两个方面：一是学生缺乏对周边事物的观察与感知能力；二是教师缺乏系统性地指导学生从多途径、多角度搜集信息，获取写作素材的意识。

我们要培养学生对生活中事物的感知与观察能力，在引导学生进行类似行为的过程中，在学生出现观察生活的行为之后，教师要及时进行鼓励，从而强化学生观察事物的能力。同时，教师也要注意观察生活中的细节，并与学生分享，以教师的观察作为范本，促进学生留心生活中的事物。在有了写作素材后，要求学生将材料有机组合起来，把零碎的素材整合起来，形成有一定系统和结构的文字材料。这就涉及对材料的分析、整合、总结，体现为对学生的语言文字运用的综合能力的要求，是解题、释题的基本要求，也是语言运用中较高层次的能力。

学生的写作如果依托于间接经验，那么永远摆脱不了"假大空"、无谓的长吁短叹和空洞的情感表达。流于表面的写作，不仅无法使学生体会写作的乐趣，更会引起学生的畏难情绪。依托于直接经验的写作，即使文字平白、表达晦涩，但有学生的真实感受融于其中。那么，我们需要考虑的是，如何将文字表达得更加有滋味、更加有趣味、更加具有文学性和审美价值？如何将直接经验和间接经验有机结合起来，使学生的文章不再是简单的间接素材的拼合？如何在文章中融入直接经验？这是对教师作文教学的要求。只有指导学生多渠道地获取材料、多角度运用材料、系统地整合材料，学生才能摆脱贫乏、空洞的写作习惯。

3.教学过程不系统

俗话说"教学有法，教无定法，贵在得法"，但作文教学"无法可循"的现象却长期存在于基础教育阶段教师作文教学的过程中。作文教学过程无系统性，从选择教学素材时的"想选什么就选什么"到选择教学方法和教学步骤时出现"想怎么教就怎么教"的情况，导致了高中阶段作文教学过程的随意性和主观性较强。作文教学过程没有序列性，是导致作文难教和难写的重要原因。

在作文教学过程中，教师教学指导集中于写作前和写作后，但写作前的指导只在浅层上做功夫。因此，写作前的浅指导、写作中无指导、写作后针对问题进行的针对性指导，展现了当代我国高中作文教学的主流教学系统。但在这种缺乏真正系统的系统中学习写作，不仅无法达到教学效果，还会增加学生写作的为难情绪，从而使其缺乏写作动机，导致学生无法建构系统的写作知识，无法找到自己作文中存在的问题，所以呈现出机械、盲目的作文练习现状。

没有真正有系统的写作课堂，通过重复的练习，在练习中通过找问题来提高作文水平，这样的教学方法不仅低效，还会促使学生写碎片化的作文。将作文教学过程系统化是语文教育工作者势在必行、刻不容缓的工作。

4.写作目的不明

阅读的过程是读者体会写作者在写作过程中想要表达的内容和写作意图。写作则与阅读相反，好的写作需要作者在写作时揣摩读者的阅读感受，站在读者意识的角度去写作，即"读者意识"。

读者群的确定性是作文教学中需要解决的问题。读者群的确定性是写文章时有明确的阅读对象，针对明确的阅读对象进行文章的写作。读者群体不清晰是我国高中生作文中存在的普遍现象，简单来说是没有读者意识。学生写作的出发点和目的都来自作文题目的要求，也就是"为写而写"。这种读者意识淡薄的现象，致使学生的作文没有目标群体，缺乏针对性。教师应引导学生建立起读者意识，使学生明确写作目的、写作对象，明确为谁而写、为什么而写。读者意识的建立是提高学生写作水平的一条路径，是我们当代写作教学要解决的问题。

没有明确"为谁而写""为什么而写"，这使学生在写作文时带有极大的盲目性、虚拟性，使文章空洞乏味。读者意识的建立，明确了写作对象促使学生写作动机得到可能的出口，而不再是空喊口号。直接经验和间接经验的有机结合、读者意识的确立，使学生不但能够有机整合和统筹写作素材，更能够合理地安排素材。

二、作文教学与任务群学习整合不力

（一）作文教学游离于任务群之外

在高中写作教学中，长期存在作文教学与任务群相脱离的状况，作文教学的不系统是导致二者相分离的重要原因。在高中阶段，由于课业负担的繁重，教师往往不安排一整块的作文教学课程，而将作文教学课零散地分布于课堂之中，大部分作文课发生在学生测试之后或是阅读课程结束之后，如学生进行月考后的试卷讲评或在学期末对交流与表达模块的笼统学习。学习任务群的目的在于整合阅读与写作教学，实现在阅读中学习写作和在写作中获得阅读审美的升华。例如，在"文学阅读与写作"任务群教学中，针对学习小说体裁的写作，教师应当整合教材中具有代表性的小说篇目《林黛玉进贾府》《祝福》《装在套子里的人》《林教头风雪山神庙》《边城》等，让学生进行阅读。通过阅读和鉴赏课文，学生学会小说这一题材的写作基本规律，通过分析小说中的人物形象和艺术特色，把握小说的情节发展，在轻松、主动的环境中学会写作。除了按照文章题材进行整合学习，时间节点、文章主题、文章中的意向、特定作家、考纲考点要求等都可以作为学习任务群整合的对象。要贯彻落实《普通高中语文课程标准（2017年版）》中学习任务群的教学目标，就必须解决作文训练的内容和形式与任务群缺乏一致性这一问题。

（二）目标实现不够理想

《普通高中语文课程标准（2017年版）》中针对高中阶段语文课程作文版块教学目标提出的要求为："1.能运用本国语言文字表达自己的审美体验；2.表达自己的情感、态度和观念；3.表达和创造自己心中的美好形象；4.讲究语言表达的效果和美感，具有创新意识。"《普通高中语文课程标准（2017年版）》是高中阶段学生通过作文教学后需要达到的国家层面的目标要求，是学生能否合格的标准。课程目标是笼统的、模糊的、概括的、抽象的，因而需要一个个有设计、有组织、有系统的、具体的课堂教学目标来实现。在教学当中，课程目标的实现依托于每一个具体、明确的课堂教学目标的串联。作文课堂教学中，教学目标的不明确性长期存在于高中语文课堂当中。教师以教好所选择的目标题目为目的，学生以完成教师布置的作文为目的，并以结果为导向，教师以考纲要求来评价学生作文。没有系统地安排课堂教学目标，就无法达到教学目的，课程目标也无法真正落地。

（三）情境化学习难于实现

强调教学的情境化是《普通高中语文课程标准（2017年版）》中突出的特点，"学习任务群"也围绕情境化教学进行安排。"当代文化与参与"的教学提示中要求学生对博物馆、纪念馆、名人故居、名胜古迹等进行实地考察，但由于学校和教师出于对学生人身安全的考虑，减少甚至取消校外实践活动，各地教育局也纷纷"取消春游"，这使得发生在课堂内的真实情境下的实践活动举步维艰。校外实践活动实施困难，发生在校内的实践活动现状也不容乐观，在繁重的课业负担下，为了提高教学效率，节约教学时间，高中课堂中教师多采取更直接的口头讲述式或播放多媒体的方式创设情境，并且更多的课时是在无情境的情况下进行的，"满堂灌"现象依旧存在，而整堂课的气氛沉闷更是作文教学中常见的现象。

第三节　国内外生活化、系统化作文教学及启示

一、高中语文系统化作文教学

（一）国内生活化、系统化作文教学探索

现代语文作文教学较古代作文教学而言，更加多元化、合理化和科学化，完善了作文教学体系，以此来推进作文教学的发展与改革。教学中开始关注学生本位，尊重学生在学习中的主体地位，促进学生的个性化发展，培养学生的自我意识，不断发掘学生的潜力。阅读教学中注重学生习作能力的发展，培养学生学习的迁移能力。作文命题也逐步走向多元化、多样化，促进学生多角度的思考，培养学生思辨能力和分析能力。通过语文教育工作者多年的探索和研究，作文教育几经改革，力求向创作性写作方向发展。

1.钱梦龙"模仿—创作"写作系列训练

重视阅读对写作的积极意义，"写作，必须从阅读中摄取材料"。钱梦龙将写作分为"模仿""改写""借鉴""博采""创造"五个阶段，五个阶段逐层不断上升，每上升一阶段，作文模仿性逐渐减弱，创造性逐渐增强，最终从最初的完全模仿性的写作深化为个性化的创作性写作。这一方法在短期内达到了较好的效果，但由于过于注重对文本的模仿，整个作文教学围绕范文进行，忽视了学生整体语文素养的培养，背离了钱梦龙先生最初的"创作"目标。

2.有领导的"茶馆式"教学法。

段力佩在20世纪80年代提出了有领导的"茶馆式"教学法。"读读、议议、练练、讲讲"是该教学法的核心。"读读"是指阅读教材，学生自主地在教材中提取出有效知识，自觉吃透教材；"议议"是在阅读教材的基础之上，教师给学生一定的指导，引导学生讨论，学生利用已有的知识经验，运用想象与联想，学生的问题在课堂上得到充分暴露，让学生的思维在课堂上发生碰撞；"练练"是指进行习作，但这里的习作不是以往的按照给定材料和先前的讨论进行封闭式的写作，要求学生在写作前对话题进行分析，做到对话题的深度理解和剖析；"讲讲"分为两个部分，即指教师在习作过程中的指导和讲解，也包含教师在习作完成之后的反馈与分析。该教学方法体现了教师的主导作用，同时也充分尊重了学生的主体地位。

3.写作基本训练分格教学法

该作文教学法由常青提出，"格"指的是写作的基本单位，是作文的训练单位，"每个'格'可以独立训练、独立运用，是最活跃、最小的基本单位"[①]。将学生的习作阶段和写作基本技能进行单独训练，各个"格"之间还可以灵活运用、相互搭配，以求获得作文水平的提高。常青为说明各个格之间的层递性与联系性，将"格"的层次分为"基本格""迭加格""二次迭加""三次迭加"，分别把"人""动作""话""表情""心理活动"作为每一个格的元素，依次进行迭加，以此来逐步丰富作文的细节。在实践中通过每个"格"的逐步训练与强化，学生的作文水平得到显著提高，写作基本训练分格教学法将作

---

① 杨积彬.作文教学"分格训练"[J].安庆师范学院学报：社会科学版，1995（2）：112.

文教学的科学性与可量化性进一步加强，让语文教师们头疼的"作文"变得现实可教。

4.情境作文教学法

突破以往传统作文教学模式，为作文教学领域注入新血液。情境作文教学法是指教师在上课之前做好充分的教学准备，并预设一定的教学情境，在课堂上为学生创设一个具有情境性的、具体的写作环境，以此来调动学生的情绪，使学生在教师的引导下逐步进行作文学习。在情境作文教学中，教师创设的情境不受时间和地点的影响，可以带学生做游戏、观看视频、进行户外活动或用语言来创设情境等，其目的在于激发学生的写作动机，减少学生写作文时的畏难情绪和盲目性。类似的教学法还有"兴趣作文教学法"，通过培养学生的写作兴趣来提高作文水平；"广义发表作文教学法"，通过扩大学生作文的读者群，满足学生发表作文的愿望来激发学生的写作动机；"活动作文教学法"，开展各类活动，让学生参与活动中，从而进行作文教学，活动中重视师生、生生之间的互动；"现场演示作文教学法"以游戏活动作为作文内容，通过特定活动，让学生产生共情，从而进行习作。这些作文教学方法的共同特点在于都努力创造一定的条件用以调动学生的情绪，让学生在真实的情境中产生真实的感受，从而进行真实的写作，但这些方法技术条件严苛，对学校、教师、学生的要求都十分严格，很难进行有效实施。

5.中学快速作文教学法

中学快速作文教学法由湖南省特级教师杨初春提出，快速作文的核心在于"快"。杨初春将快速中学作文教学法的教学程序概括为"五步四法两课型"。"五步"是"基础训练、思维训练、技巧训练、速读训练、综合训练"；"四法"是"写作限期限时法、指导先实后虚法、评阅浏览自改法、训练分布达标法"；"两课型"是"写作实践型课和理论指导型课"。结合快速作文教学法，杨初春老师还提出相应的"快速审题十五法""快速构思十法""快速行文四法""快速修改四法"等习作策略。除对学生的习作提出了快速的要求之外，也对教师提出了速评、速讲、速改的要求，强调教师指导与反馈的及时性，强调文章写作和修改的时效性。总之，"快速作文是一个系统工程"，其有严谨的系统性、层次性和广泛推广的可能性，是现代作文教学中值得教师们揣摩和践行的教学方法。当代高中生，在45分钟之内必须完成800字的作文，45分钟内除了习作时间外，还需审题、立意、构思和完成文章的写作，此时快速作文教学法就显示出其独特的价值。进入21世纪，随着网络的不断发展，信息的产生和消亡速度越来越快，快速作文符合时代特点，在作文教学中展现出独特魅力。

6.个性化作文教学法

个性化作文教学法"是学生用自己的眼睛观察世界，用自己喜欢的言语方式表达自己特殊体验的文本"。个性化作文教学以学生为本位，尊重学生的主观体验，要求教师引导学生将所观察和体验到的现象以文字形式记录并写成文章。"个性是多层次、多维度的复合体，个性化作文教学是主体性教育理念指导下的作文教学，是个性化教学理论在作文教学领域的实践体现。"因此，个性化作文教学法对教师和学生都提出了较高的要求，首先，在教学中要求教师带领学生观察生活中的事物、注重主观情感体验，引导学生关注生活的不同面，为自己的写作打下现实基础；其次，学生要学会多维度、多层次地分析作文材料，找到个性化的立意角度；最后，要求学生广泛阅读，拓宽知识视角，进行个性化阅读，从而促进个性化写作的发展。较以往的作文教学方法而言，个性化作文对培养学生的创造能力、分析能力和思辨能力提出了更高的要求，作为语文教育的重要组成部分，作文教学逐步科学化。

作文教学从古至今都是我国语文教学中重要一环，如何培养学生写的能力成为一线语文教师亟待解决的重点问题。随着先贤和语文教育工作者的不断探索，我国作文教育取得了阶段性的成果，但如何更有效地进行作文教学依旧是语文教育者不断探索和研究的问题。未来，语文作文教学将呈现出更加多元化、多样化的教学模式。对于命题者而言，题目命制合理化、作文材料生活化、材料选择的客观性、题目任务指令的明确性是当下需完善的问题；对于教师而言，如何将教学方法、手段、情境和内容有机地组合在一起，进行高效的作文教学是当下面临的挑战；对于学生而言，自主研读文本、多元化阅读、多角度观察、多样化选材、多层次分析、思辨性思考是当代对学生习作的要求。作文教学预设情境的生活化和作文训练过程的系统化是作文教学中亟待解决的重要问题。作文教学过程中，教师创设作文情境时要贴合学生的生活，必须关注到当下的时代特点，从学生生活的各个方面挖掘写作素材和角度，让作文从学生生活中来，积极鼓励学生描写生活，引导学生用发展的眼光来看待生活中的人和事，帮助学生打开视野，从而得到写作的灵感。写作教学系统性要求教师探索作文教学模式，使其呈现固定的序列性，表现为让作文可按具体的阶段性和层级性进行教学的可能性，致力于将整个作文教学过程变得可视化和可量化。

（二）国外生活化、系统化作文教学探索

1.日本"生活作文"教学

日本"生活作文"教学的提出，至今已有一百多年的历史，经历了产生、发展、中落、再兴起的复杂过程。"生活作文"是"通过以生活世界为对象的写作（文章表达活动）"，是一套无数一线教师以实践经验为基础总结出来的作文教学理论，既有实践根基也有理论高度。"生活作文"的教学目标为"将学生培养为语言活动的主体，同时培养学生的人格主体"。以下笔者将对"生活作文"教学法各个时期引领者的思想进行阐述，在此基础上反观我国作文教学。

最早的"生活作文"实践者芦田惠之助十分反对受明治维新影响的模仿式教学，重视自我意识的确立，重视人的个性化发展。芦田在作文教学中强调学生的主动性和写作愿望，认为教师指导的第一要务在于激发学生的写作动机，其余方法和技巧类指导都是次要。写作内容上，芦田倡导真实写作，从听、说、读、写四个方面强调学生自我意识的培养，因而产生了"随意选题"思想。"随意选题"即写作的题材让学生从自己的真实生活中寻找，教师课前不进行预设、课堂上不给予任何带有倾向性的提示和反应，旨在打破作文选题的单一性和作文内容的形式化，把学生从僵化的作文训练形式中解放出来，从而加入"我"的主观情感体验。"随意选题"培养学生观察生活的意识，激发学生的写作愿望，此时教师指导的意义就在于抓住细节，教授学生写作方法，为学生的选题赋予意义，从而进行写作指导。作文结束后，教师进行评价，包括成绩和评语。成绩就是学生的作文得分；评语则包含赞扬、建议及客观评价学生文章的发展和变化。在整个作文教学中，芦田关注学生在写作中的自身变化，强调主动学习和自我发现。

小砂丘忠义大面积地推广和发展"生活作文"，使"生活作文"逐步走向理论化。小砂丘"生活作文"核心思想为注重写作的"真实性"。这里的真实性可概括为作者主观情感体验的真实和客观世界描写的真实两个方面，两种真实统一起来，将作文教学上升到关注自我心理发展和认识客观世界层面，又从发现和反映客观世界的过程中不断认识和完善自我，二者形成正循环关系。作文教学中的"积极性"是小砂丘"生活作文"强调的又一重点，小砂丘认为生活作文的标准在于学生是否能够积极地、主动地写文章，而不是将作文当作任务来写，应使学生建立起积极写作的思维，将"生活作文"作为内驱力培养"积极执着的人"。

在前人"生活作文"实践与理论研究的基础上，村山俊太郎提出了"生活调查作文"的作文教学新方法。"生活调查作文"指"生活教育的理想和方法就是认真观察社会中存在的问题、儿童们周围的生活事实，把握生活、劳动的原则，确立真正的自治生活"①。简单来说，在"生活作文"观察自我和客观世界的基础上，将社会现象与社会活动也纳入观察者的视野，学生以自我意识、客观世界和社会为观察对象。在观察社会对象时，对社会现象和社会行为进行调查研究后进行比较分析，最终得出结论。村山俊太郎将学生的视野从单向的观察中解脱出来，转向双向的、互动性的社会行为，让学生在社会生活中进行调查，在调查中认识社会、认识生活。在社会行为的观察中，村山俊太郎以劳动生产行为为观察对象，让学生从中产生作品，在一定的生活经验积累

---

① 方明生.日本教育中的"生活作文"教学思想[J].外国教育资料，1996（5）：59-64.

和习作积累后，建立起学生自觉从社会生产层面思考现实生活的意识。

　　小川太郎抨击当时日本教育中存在的以升学为目的、以就业为导向的学习状况，学生进入好学校和找到好工作是学习的终极目标，丧失了对学习本身的兴趣。在这样的背景下，学生与学生之间、学校与学生之间的关系就发生偏向，造成恶性竞争和专制管理。小川太郎强调教学必须打破固有的观念，将自由还给学生，让学生从思想和行动的双重束缚中得到解放。教师在教学过程中与学生平等对话，教师作为倾听对象，让学生自由表达自己的所见、所闻、所感，在写的过程中承认教师指导的必要性，在尊重学生自由的基础上，使学生的表达更具准确性、逻辑性和审美性。重视实践是小川太郎"生活作文"强调的另一重点，通过实践实现从认识事物到揭示事物客观规律的飞跃，达到对事物本质的认识。

　　野村芳兵卫的"生活作文"思想是一套完整的作文教育理论体系，其中包含了完备的教师观、学生观、评价观。野村将学生的学习课程分为理论课程和实践课程两个版块。理论课程是以间接经验为主的科学系统的理论知识；实践课程是以直接经验为主的个性化的活动课程。面对当时学校教育中存在的问题，野村提出了"真实书写生活"的思想，并对作文教学提出了以下五个要求：一是评价价值取向去成人化。学生自由观察生活，关注自身真实感受，在这一过程中去除成人的价值取向。二是尊重学生意志，让学生充分表达自我。三是不限制观察范围，拓宽学生视野。四是开展写作指导。在学生能够表达自我后，教师开展一系列写作指导，完善学生的作文。五是注重评价方式，引导学生自觉探索。将观察与表达结合起来，再通过教师指导完成作文。野村的思想是

"生活作文"教学体系中的重要组成部分，对日本"生活作文"教学实践产生了深远的影响，也有助于我国语文教育工作者对"生活作文"教学法的把握和运用。

笔者认为，我国作文教学应当从日本"生活作文"的发展历程中汲取养分。首先，转换作文教学切入点。我国作文教学以模仿式教学为主，即教师先将各类文本的基本特点和要素教给学生，然后提供大量范文让学生阅读、模仿，以强化文本写作格式为目的。在这样的教学模式下，学生写作动机缺乏、写作素材单一、表达情感空洞、形式缺乏变化，作文内容缺乏新意。实际上，我国语文教育工作者在激发学生写作动机的作文教学研究方面做了积极的探索，但由于客观条件的限制，无法大范围地推广。日本"生活作文"教学从学生体验入手，注重学生的主观情感体验，关注学生的观察能力和表达能力，鼓励学生真实地表达自我。通过激发学生的写作意愿，让学生自由表达，从而培养学生的主动性和反思能力，自觉地学习写作。其次，变更教学的侧重点。长期以来，我国作文教学强调文本意识、结构格式和修辞语用的准确，而淡薄了学生的自我意识，学生作文逐步走向形式化。"生活作文"侧重点在于自我意识的塑造，在自我意识的基础上再进行其余部分的强调，以真实的生活为基础，逐步引导学生靠近教学目标，知道实现教学目标。我国应当转变自己作文教学的侧重点，向"真实写作"的方向发展。

2.美国作文教学

母语作文教学的发展是各国母语教育中需要面对的共同难题，笔者结合前人的论述，总结分析美国作文教学近况，致力于透过美国的作文教学发展来分析我国作文教学存在的不足，用先进的教育理念来指导我国作文教学。

（1）"过程写作法"的提出

为了提高学生的写作能力，"过程写作法"逐渐从教师实践中发展起来，美国作文教学开始强调写作过程中教师的全程指导。"过程写作法"可以分为五个阶段："预写作—打草稿—修改—校订—发表"。预写作就是写前准备，选择适宜话题，确定写作目的、写作形式和目标对象，并形成固定主题思想；打草稿是学生把自己想写的内容写下来，但不必关注是否"写得正确"，尽情表达即可；在修改前，教师和同学对文本进行阅读，给予相应的指导和建议，学生通过同学和教师的反馈修改文章；校订阶段主要解决是否"写得正确"的问题，对文章的语法、语用、标点进行修改；发表是最后的定稿阶段，将学生的文章在小组内或班级内进行分享。在过程性写作教学的各个阶段，在教师指导下，全班学生共同参与、积极讨论、相互指导，知道与他人一起写作比独立写作更高水平的任务，需要倾听者明确表达意图和提出问题，学生在课堂上反馈和被反馈的过程中作文水平自然而然提高。

（2）"作家工作坊训练法"

"作家工作坊训练法"致力于培养学生较高水平的写作能力，是现今美国作文教学中普遍流行的教学方法。该方法将作文教学分为十二个步骤："头脑风暴—明确主题—列出提纲—评价提纲—递交提纲—教师批阅—写出初稿—修改初稿—评改初稿—写出修改稿—评价二稿—编辑出版"。

作文教学系统化即采用一定的教学方法和模式，将教学过程设计为有具体序列的可分解、可量化、可分阶段评价的作文教学模式。上述两种作文教学方法在美国作文教学中占有主流地位，二者都将作文教学拆解分割成一个个可管理、可教的部分，按照每一个阶段的具体情况，对学生进行分层次指导和教学，展现了完整的、有系统的作文训练模式，增强了作文教学的科学性和层次性。美国作文教学法对学生个人生活经验和知识经验的积累提出了较高要求，这是我国学生在现阶段学习过程中无法达到的，因而我们不能生搬硬套外国教学经验，必须依据本国实际情况进行实践探索。

二、高中语文生活化、系统化作文教学的启示

（一）创设情境，激发学生的写作动机，牵动学生情绪

在教学过程中，教师要按照教学内容创设相应情境，将学生的注意力牵引到情境中，激起学生对写作的兴趣和强烈的表达愿望，尽可能地撩动学生的情绪，让学生在情境当中感受真实的情绪反应。

（二）尊重学生主观意识，情境创设去倾向性，倡导合作型写作

对学生主体地位的尊重要体现在教学的方方面面，在创设情景时，教师不能带有具有情感色彩地引导，应让学生自己自主选择立意角度。要求教师创设的情境去教师的主观性、倾向性，这是很难做到的，但是在学生感知情境过程当中，教师应尽可能地避免情感观念上的引导，充分尊重学生的意识，从而培养学生自我意识的发展。

合作型写作中，最后文章的呈现是在先前的小组成员合作之间要形成一个成果、必须经过以下四个过程：一是自我表达；二是吸纳别人的阐释内容；三是共同整理素材提取有效信息、查阅资料；四是合作创作。这个过程是每个成员自己的听、说、读、写四个机制共同发生作

用、协同合作的过程，不再是一个简单的写作过程，涉及了获取信息、自我表达、共同表达和循环反馈等过程。积极良好、有建设性的反馈，是写作者写作水平提高的较好方式。这对学生写作后的成就感、再创作的积极性有很大的帮助，能够促进学生持续地写作。

（三）倡导真实性写作，鼓励学生写真情、真人、真事

学生靠书本知识和各类信息获取的间接经验有一定的局限性，人的认识从整体上起源于直接经验，直接经验是人们认识世界、认识自我的基础，而间接经验是在直接经验的基础上拓宽人们的认识范围，增长人们的见识。因而，我们要重视学生实践，让学生在实事中学会写作、在实感中学会抒情。

我国许多优秀作品都是作者通过实际生活所见所感而创作出来的，如杜甫对平民苦难的理解、徐霞客对祖国山河的描绘、李清照对孀居愁情的倾诉等都源于作者固有的生活体验。辛弃疾在词中写道："少年不知愁滋味，爱上层楼。爱上层楼，为赋新词强说愁。"从古至今，为作文章而加注虚假情感和空洞说理的"套作"现象层出不穷。学生没有对事件的主观认识，只从书本和材料上对所写内容有粗浅的了解，之后就开始胡乱抒情。张学诚在《古文十弊》中提道："文欲如其事，未闻事欲如其人。"在教作文时，教师必须注重所给材料的适切性，要符合学生的已有知识经验，不能将学生的知识经验架空，转向空想式表达。王筠在《教童子法》中写道："以目前所遇之事为题，无是可法也。"从当下体验出发，力求写好当下感受。教师积极鼓励学生从自己的真实情感出发，记录下自己所看到的、听到的真人、真事。

（四）拓宽学生知识视野和生活视野，多角度取材

拓宽学生的知识视野，就要求教师在教学过程当中有意识地扩大知识的范围和视域，不断拓展学生知识学习的广度，致力于让学生尽可能多地看到世界的方方面面。拓宽学生的生活视野则要求教师布置一定的课后任务或带学生进行探究生活的实践活动，村山俊太郎提出的"生活调查作文"就是一个可借鉴的范本。带学生深入生活中体会劳动者的生活和现状，调查农作物的生长周期和销售渠道等都会将学生平时接触不到的知识内容纳入学生生活中。

（五）写作过程序列化、可视化、可量化

美国"过程写作法"和"作家工作坊训练法"、中国的"写作基本训练分格教学法"都是讲作文教学过程序列化、可视化的成功经验。作文教学过程的序列化和可视化可将学生的写作过程进行解构，全方位地监控学生写作过程中出现的问题点和难点，从而有针对性地进行指导，找准问题进行突破。系统的程序性作文教学也增大了作文教学被量化的可能，使得评价更有针对性、更加具体。

（六）多角度、多层次评价成果

教学评价对教学目标的达成至关重要，好的评价可以使教学效果事半功倍。芦田惠之助提出的"赞扬—建议—作文水平发展"的评语构成方式，可被视为学生写作水平的全程检测方法。赞扬的目的在于强化学生的写作动机，让学生在肯定中保持持续写作的愿望；建议必须针对学生的问题给出评价，帮助学生突破问题点；作文水平发展体现了教师对学生作文水平的跟踪与观察，是对学生写作发展的掌握。

第四节　基于任务群的系统化作文教学策略

一、作文教学系统性设计

（一）注重量的积累与质的突破

"量"即习作量。于漪老师在《今天怎样教作文》一文中针对作文训练的量，提出明确要求："一学期8篇大作文，8篇小作文，周周练笔，写短文成为寻常事。"对于课业任务繁重的高中生来说，周周写作文是很难实现的，所以在"周周练笔"的日常写作训练当中，要求教师对学生写作内容、文章长度做出合理安排与规范要求。

在《普通高中语文课程标准（2017年版）》十八个"学习任务群"中，也对写作的量提出了明确的要求。"文学阅读与写作"任务群要求学生写作次数不少于8次；"思辨性阅读与表达"任务群要求写作次数在3次以上；其余任务群均在不同程度上对写作的量提出了要求。对于文章的量，除写800字以上的大作文之外，还要注重"微型写作"的穿插，写话训练、小短文训练、伴随阅读时产生的短评、文学评论都纳入增大习作量的训练中，培养学生"事事可写"的习作意识，从而实现"周周练笔"的习作要求。通过习作量的积累，使学生写的能力潜移默化地进行知识迁移和能力迁移，实现读与写的共同发展。

但量的积累并非是一个简单的重复训练的过程，王筠在《教童子法》中提道："每日必使作诗，然要与从前所用之功事事相反。"王筠肯定练习对写文的重要性，同时又强调再练习时，心存求异心理，每日练习的重点和偏向要与以往不相同，而不能以"炒冷饭"的方式进行练习。当代的高中作文训练也应如此，虽做不到每次训练都有进步，但在作文训练时，要有求异心理，"一日不读口生，一日不写手生"，多读多练是作文的必要途径，学生应每日按照一定的系统性与序列性练习，逐步从遣词、造句、修饰方面对自己提出新要求，从而使作文能力实现螺旋式提升和发展。

（二）创设写作情境，激发写作动机

写作动机的激发与培养是学生能否流畅地写文章的关键，因此教师在作文教学过程中要想方设法地激发学生的写作动机，培养学生强烈的表达欲望，"学生写作冲动感一经形成，就会思绪纷呈，妙语连珠，写作进入佳境"。激发学生的写作动机意在让学生对写作感兴趣，是教师的一大难题。学生在相同情境中探寻不同的角度，有利于激发学生对学习的兴趣和探索欲望，激发学生的求知欲。而类似情境中的相似命题会使学生的写作视角走入死胡同，周而复始地重复一个观点，对观点再进行相似的阐释。这就是在作文当中，学生使用的素材雷同率高、相似度高，以及没有新颖的写作视角和切入点的原因。

激发学生的写作动机，并把这种写的愿望长期稳定地保持下来，比教会学生如何写作更加重要。激发学生的写作兴趣，要从学生的直接经验出发，探索学生的审美趣味。关于学生写作动机的保持，就要求教师在每一次教学之前都提前预设好一系列系统的教学情境，在一次次有趣的情境中使学生的写作动机不断地得到强化。以"实用性阅读与交流"为例，以人教版高中语文教材为例，在高一阶段分别在必修1和必修2的第四单元选取了实用类文本作为教学内容。必修1设置了三篇课文，共四篇新闻文本（《别了，"不列颠尼亚"》《奥斯维辛没什么新闻》《包身工》《飞向太空的航程》）；必修2选取了三篇演讲稿（《就任北京大学校长之演说》《我有一个梦想》《在马克思墓前的讲话》），在教学这两个单元时，教师必须注重"实用性阅读与交流"任务群的教学要求与教学提示，进行系统化的教学设计。

1.写作教学情境创设

写作教学的刻板性是当前作文教学的困境之一，要解决这一困境，就要求教师进行情境化作文教学，将生活中的真实情境作为写作教学的基础。在高中语文必修2演讲稿文本的学习当中，教师可创设"三好学生"竞选演讲、班干部换届竞选等一系列与演讲相关的真实情境，让学生在真实的情境中有明确的写作动机，从而完成演讲稿写作的学习，促使教学目标的达成。在作文教学写前准备阶段，教师创设真实的、具体的教学情境，让学生在情境中写作，目的在于充分调动学生的积极性和主动性，让学生产生写作的愿望，防止发生教学过程中热闹纷呈，但教学内容与形式流于表面，学生没有发生真正学习行为的表演式教学偏向。

2.作文选材生活化

写作素材的去生活化是学生文章空洞、苍白的原因所在，学生没有将真情实感注入文章中，将从书本中积累的材料进行拼凑，再加上名言警句进行修饰，甚至将其作为结论。学生们费尽心思地从报纸、杂志、专著、教材中积累写作素材，但对生活中真实的见闻与感受却视而不见，舍本逐末，动起笔来变成三纸无驴的硬凑。学生的写作素材就存在于学生日常生活的点滴之中，但学生往往对此缺乏感知与体会，因此语文教师应有意识地培养学生对生活的观察和感知能力，并鼓励将其应用于写作当中。将真情实感带入作文当中，要求学生对生活中的事物进行细微的观察和深入思考。在高一阶段的实用类文本教学当中，第一学期，语文教师必须要求学生关注身边的时事新闻，从身边的奇闻轶事到关系我国黎民百姓的国事，最后到全球范围内的天下事都要纳入学生的视野当中，让学生在生活当中关注新闻，从而做到对新闻文本的朦胧了解。在进入实用类文本写作教学时，语文教师可利用学生先前积累的知识经验，从学生实际生活中引入教学。现实生活中，学生观察生活中的事物往往是走马观花，浅尝辄止，甚至忽略其中的重要细节。在进行教学指导时，致力于培养学生对生活细节的观察能力，观察得越细致越好，引导学生挖掘和筛选有价值的细节。

（三）明确写作目的，培养读者意识

人们常说："文为心声。"写作是作者表达自我的过程，明确写作目的就是要解决"为什么而写"的问题，是文章完成之后存在的意义与价值的问题，或文以载道，或不平而鸣，或分享和传播美的感受……这些都属于写作目的中的一类，但为考试而写作不属于写作目的的范畴。明确的写作目的要求教师在选择写作题目时明确问题，让学生在写作之初就准确地把握住自己的写作动机，并在写文时从一而终地体现写作动机，形成一以贯之的写作目的。2015年全国二卷高考语文作文题中提出的问题是："你认为匠人、学者和旅拍者谁更有风采？"在这样的问题指引下，学生会对三者进行对比分析，最终给出自己的答案，并以文章的形式表达自己所选对象更有风采的理由。这种形式的问题帮助学生准确找到写作目的，从而减少了偏题作文的概率。

　　"读者意识"是学生在写文章过程当中对阅读对象的准确定位，读者意识体现在学生文章的各处。如今的作文题目针对读者意识这一问题可分为以下三类：第一类为有明确的指定性读者，学生无须自己选择目标读者。2017年全国一卷高考语文作文题就属于这一类，作文题目中明确要求："选择关键词帮助外国青年读懂中国。"在这一年考题中，外国青年就是学生作文的读者。第二类为学生有可选的读者对象。2015年全国一卷高考语文作文题要求学生从"小陈""老陈"或其他相关人员中选取自己的读者，在这样的题目中，学生选取不同的读者对象，其写作角度就必须发生变化。选择"小陈""老陈""警察""相关新闻媒体工作者"或者是"网友"，任意对象都要求学生在分析的同时注意到不同读者对象的不同特点和立场。第三类为作文题目中没有明确给出读者，需要学生通过题目自行确定阅读对象。这是三类中"读者意识"最容易被忽视的一类。2016年全国二卷高考语文作文题中"如何提升语文核心素养"这一问题，可针对教师提出有效提高学生语文核心素养的教学方法，可针对学生群体提出通过什么样的方法来更有效地提高自身语文素养，但在这样的题目中，阅读对象的确定变得十分困难，学生的文章往往变为无对象的说理性文章。

　　读者意识的培养是提高学生写作的有效途径，缺乏读者意识的写作，即缺乏写作的对象必然导致缺乏写作的目的性、意义和针对性，写文章便成了文字材料的排列组合。培养学生的读者意识在"无形中会督促学生，要努力变为这样的作者——在真实的语境中用真实的目的为真实的读者写，并表达真实的自己"。所以，教师在布置写作任务时，必须明确规定或让学生明确选出自己文章的阅读对象，这种阅读对象的选择一定要聚焦于具体的群体，确定了阅读对象后，学生在写作时就能较清晰地明确自己的写作目的和选择准确的表达方式。以作者为中心还是以读者为中心，这在写作当中有本质的区别。相关研究表明，专家作者比新手作者更有读者意识，更加注重读者的阅读感受，因此将学生的写作意识从作者意识转换到读者意识是当代教师面临的巨大挑战。写作完成后，教师要改变以往的写作教学模式——由教师进行阅读与批改，为学生的文章找到相应的展示平台，也就是扩大读者群，使学生能够更高效、高质量地完成写作任务，更能使学生主动向高质量写作的方向靠拢。因此，在日常教学当中，习作课除了以班级为单位的教学，教师应设法提供更大的平台，让学生的作文能在更多人面前展示，这是一个提高学生写作能力的途径之一。读者群的壮大，能够激发学生的写作动机。高一阶段"实用性阅读交流"任务群的教学当中教师要有意识地引导学生关注文章的读者，并帮助学生准确定位文本的读者群，如《别了，"不列颠尼亚"》读者群主要集中于受殖民压迫多年的中华同胞，《就任北京大学校长之演说》目标对象为当时北京大学的在校师生，《我有一个梦想》则以长期受歧视的美国黑人为对象。教师在引导学生寻找课文读者群的过程当中，逐步建立学生的读者意识。

明晰的写作目的和精确的阅读对象是相辅相成的，学生有明确的写作目的往往有助于其阅读对象的确定，而有明确的阅读对象也会促进学生写作目的的生成。因此，培养学生的"读者意识"和写作目的是写好作文的前提条件。

（四）写作过程介入，实现全程指导

写作可分为前写作、写作和后写作三个阶段。前写作指动笔前的准备，包括审题立意、素材的选择、阅读对象与目的的确定、文章结构的构思安排等；写作是学生从开始动笔到完成文稿的过程，即写作实践过程；后写作包含学生、同伴和教师对文章的反馈及教师的指导过程。我国写作现状为，写作教学的指导局限于写作前和写作后，没有写作中的指导。"写作指导在前，写作实践在后，意味着写作实践是为了掌握预设的写作指导，同时也意味着写作教学的教主要集中在学生写作之前，而写的过程中教师、教材是静默的。"①写作过程中教师与教材的静默状态普遍存在，其原因是，我们在习作过程当中讲究"一气呵成"的文章写作方法。从行文格式到修辞语法，从素材选择到内容安排都一步到位，中途基本不涉及笔头上的修改，所以阻碍了教师在写作实践过程中参与的可能性。全程指导即教师的写作指导发生在学生写作的全过程，从开始写作到写作过程完全结束为止，体现了教师对学生写作过程的全局指导和监控。借鉴美国作文教学过程中"预写作—打草稿—修改—校订—发表"和"头脑风暴—明确主题—列出提纲—评价提纲—递交提纲—教师批阅—写出初稿—修改初稿—评改初稿—写出修改稿—评价二稿—编辑出版"两种方式，在学生写出最终文稿之前，先不顾虑格式与表达的准确，将自己想写的写出来，教师再根据学生草稿的内容进行指导，从而实现对学生写作过程的指导，让学生在完成写作阶段时文章就已经是一篇生动的、进行过指导和修改的文章。

（五）注重阅读积累，培养发表意识

阅读一直是高中语文教学最重要的版块。《普通高中语文课程标准（2017年版）》中明确指出要增加学生的阅读量，"整本书阅读"学习

---

① 彭运哲.浅谈写作指导[J].读写算（教研版），2013（3）：265.

任务群在高中学习当中也占有很大比重，从2017年开始，高考语文试题的阅读量也明显增加。阅读是一个习得知识的过程，可以看成是知识的输入过程；写作是整合已有的知识经验和相关材料，根据题目进行个性化表达的过程，是知识的输出过程。从输入和输出两个过程来看，二者相辅相成，达到动态平衡。

"读写结合"是促进阅读与写作的有效途径。笔者将目前为止已公开发表的有关读写结合的文章进行归纳、整合，关于读写结合的定义，一部分人认为，读写结合即让学生通过大量的课内外阅读材料的积累，进行知识版块的梳理和拓展，习得写作技巧和方法，获得由读到写的读写能力，注重模仿范文的习作能力，从而促使读与写二者同步提高，这一点可概括为"以读促写"。一部分人认为实践才是最重要的知识获得途径，通过大量的习作，掌握写作技巧，并作用于学生的阅读，注重习作过程中学生的直接经验，并以直接经验为基础学习间接经验，即为"以写促读"。还有一部分人将读与写两方面同时并重，不具倾向性：读写结合是读与写动态平衡、同步发展的过程，即"以读促写"和"以写促读"同时发生。笔者认为，阅读的积累是习作的基础，阅读量的多少与习作要求的高低要相匹配，要达到较高的作文水平，就要有相对应的阅读量作为支撑。但在现实生活中，阅读量大的人的作文水平不高的现象普遍存在。

读者群即为文章的阅读者，扩大读者群是激发学生的写作动机、提高学生写作能力的有效途径。教师可通过将学生的文章发表在板报、校刊、校报等公共平台上，让学生的文章被更多的读者所接触，并获得相应反馈，在提高学生作文水平的同时，进一步明确学生的读者定位。读者定位不仅仅是读者群的定位，更是读者需求的定位。读者群定位通俗来讲就是看文章的是哪些人，读者需求定位则是更深的习作要求，即要关注到读者需要什么、想看什么样的文章、怎么写读者才能认同和理解等，读者需求往往具有多样性、多变性、模糊性的特点。多样性表现为不同读者在读者认知和思维方式的多样性，不同的认知和思维方式会带来多样的读者反馈。多变性体现在同一读者在不同阶段和不同环境下做出的阅读反馈也会有所不同。模糊性在于读者意识的模糊，不是所有读者都可以明确表达和反馈，往往无法准确反馈，在纷繁的反馈信息中提取出有效反馈信息是对学生和教师的双边要求。

二、作文教学的情境化训练

（一）作文教学情境化创设途径

1.借助多媒体，刺激学生的视觉与听觉，以此创设情境

近年来，国家对教育的大力投入，使得电子信息化设备在基础教育阶段得以普及，在课堂教学中，利用多媒体呈现声音、图片和视频成为最简单的情境创设方式。学生在直观、生动的情境下学习与写作，从而激发写作动机，强化写的意愿。如在进行"文学阅读与写作"学习任务群中记叙性文本的教学时，笔者以人教版高中语文必修一的"交流与表达"模块中"园丁赞歌　记叙要选好角度"为例，写作练习第三题"在学校，师生之间有时也有矛盾，你了解老师的心态和苦衷吗？试做换位思考，以老师视角写两三则教师日记"，要求学生写教师角色的心态与苦衷，所以教师要将自己的教学生活展现在学生面前，可选取"深夜批改作业""讲台上的老师""课后辅导时的老师"等几幅动态图片，以

《长大后我就成了你》为背景音乐，按照次序播放图片，让学生在观看图片和聆听音乐的过程中领悟教师的辛苦，并引导学生抓住图片中教师工作细节进行写作。

2.以教材内容为蓝本，对文本进行再创作

对教材中的文本进行再创作是对文章的仿写、缩写、扩写、续写、改写的过程。这种教学情境依托于先前的阅读教学，学生将自己放入原文本情境中，选取视角进行再创作。如续写《孔乙己》，学生可以选取原文中任意人物视角进行续写，也可以选择全知视角来写原文中各人物的结局。这样的情境教学是在原文的基础上进行联想与想象，根据作者的意愿来安排情节，是作文教学中的常用方法。

3.利用真实课堂，创设模拟情境

在现实的课堂教学中，教师往往没有条件带学生进入真实情境中感受与学习，因而创设模拟情境成为教师在教学过程中必须掌握的技能。情境的创设除了教师预设的表演，还需要学生的参与。

4.通过实践活动，感受真实情境

真实的情境要求教师带学生真实的感受教学情境，是情境创设中最难实施的，但其对写作的作用却是最大的。如在人教版高中语文必修2中"表达与交流"模块的"演讲"部分，教师可将这一部分放到学期初来进行，教师可以组织一次"班干部竞选活动"，要求竞选的学生提前准备好演讲稿，在全班面前充分展现自己，活动结束后开始进入演讲单元的学习与写作。这样的情境发生与真实生活当中，能够激发起学生的主动性。在人教版高中语文必修3"表达与交流"模块的"多思善想 学习选取立论的角度"部分，按照教材中对《项链》多角度思考的要求，教师可引导学生举行一次辩论赛，以"马蒂尔德用十年的时间偿还项链是否值得？"为辩论题目，让学生围绕"马蒂尔德"和"佛莱思节夫人"两人对"借项链—丢项链—假项链"的过程展开辩论，挖掘二者背后的人性和阶级差异，最后让学生自选角度写一篇议论文。真实的情境创设可以给学生真正可写的内容，不论学生选取怎么样的理论角度，泉思都能如滔滔江水奔流而出。真实的情境创设对"思辨性阅读与表达""实用性阅读与交流"两个学习任务群的教学效果有积极意义。

（二）情境化作文训练依托于任务驱动型作文训练

"任务驱动型作文"是2015年高考全国卷语文作文出现的新题型，是对学生写作能力、阅读能力、思维能力三位一体的考查。"任务驱动型作文"自进入高考以来，一直是语文教育的热点内容。"任务驱动型作文"即是在给出的作文材料后增加任务驱动型指令，使学生在写作过程中明确自己的写作目的与对象的新型作文命题方式。

自1978年恢复高考至今，我国作文教学改革经历了四个阶段。这四个阶段充分展现了我国作文改革历程，逐步由模式化写作向个性化写作发展。

"任务驱动型作文教学"的优势主要有以下四个方面。

1.注重写作对象

任务驱动型作文在写作要求中指出明确的任务驱动指令，"写作时要求有对象意识与读者意识，以任务为核心，从给定的有限的角度中选定阐述对象"，以此来明确学生的读者群。2015年全国一卷高考语文作文题中的任务驱动型指令为"给小陈、老陈或其他相关方写一封信"，这样的指令可以帮助学生明确文章读者，从而使学生在写文章之前就建立起读者意识，命题者在写作要求中提出了写信的文体要求，让考生选择一个说理的对象，在有明确针对性的条件下，说真话讲道理，表达自己的伦理观、法制观，帮助和引导学生树立并践行正确的法制观念。读者意识建立的意义在于让写作者站在读者的角度写文章、看问题，在学生的头脑中建构"写给谁看"的意识之后，再进一步推进"为什么写"的问题，从而产生真实的写作目的。

2.写作目的的明确性

2015年全国一卷高考语文作文题中"给小陈、老陈或其他相关方写一封信，表明你的态度，阐述你的看法"的作文要求中明确提示学生在所给的材料中进行选择，选择出一个方面进行论述，"只要选择某一个对象专论一点即可，不必且不宜面面俱到"，这与以往的面面都提到的大杂烩式的文章要求不同，聚焦于学生最想表达的角度与观点，更容易帮助学生明确写作目的。例如，选择"小陈"，则写作目的聚焦于对"小陈"行为的认可或是反对，再或者向"小陈"提出一些建议，帮助其解决此类事件。明确、真实的写作目的让学生在文本表达中敢于说真话、写真实感受、阐发真实观点，而不是说一些空话、套话。

3.尊重学生的思考

任务驱动型作文所给出的材料各角度立意均不具备倾向性，观点选择不受材料本身倾向性所影响，均以客观事件为材料，不加入命题者的主观性。2015年全国一卷高考语文作文题目直接选取时事新闻作为作文材料，再加上任务和文章要求，整个作文题从材料到要求没有命题者主观倾向意识在其中。2014年高考语文（湖南卷）的作文题目为："有一个很穷的地方，很多人干了两年都走了，但有一人留下当村支书干了八年，把村子变成了'最美乡村'。在接受荣誉时，村支书说：'心在哪里，风景就在哪里。'请以此写一篇议论文或者记叙文，题目不限。"这份高考作文题目材料很简单，褒奖在穷乡僻壤的乡村工作八年的村支书，并用"只干了两年"的其他干部做对比，但其中体现出的倾向性比较明显。前者是由学生自己思考并选择立意的角度、说理的角度；后者是命题者已经帮学生选出了在基层工作时间长的人更伟大，以及"心在哪里，风景就在哪里"的写作视角，学生缺少全局认知，从而无法跳脱命题者的角度立意，无法展现学生自主思考的能力，也无法体现学生的主体地位。

4.极大程度上体现了写文章的思辨能力

思辨，首先在"思"，是学生主动思考的能力和意愿；"辩"则是将思付诸实践，主观见之于客观的过程。中国学生的思辨能力一直受到质疑，"思辨反映了社会对考场出现大量空洞无物的高考体作文，以及作文写作教学整体现状的不满，体现了迅速提高民族思维水平的期待"。学生的思辨能力弱，体现为我国基础教育阶段长期存在的教师在上课之初就开始预设"标准答案"，甚至代替学生思考，学生以靠近教师思考角度、得到"标准答案"为目标，从而形成一套完整的、封闭的答题逻辑。这种模式在很大程度上禁锢了学生的思想，使学生的思考模式趋向单一化、简单化。思辨能力的培养，让学生"想他所想，说他所说"，不再追求答案的标准化；教师不再预设固定的标准答案，只预设答题的方向，让学生进行充分的思辨思考，必要时给予学生引导，但凡事要有度，过犹不及。社会过度地强调思辨的设计理念，往往把试题内容的导向理念化和抽象化，脱离了绝大多数考生的思维水平和生活经验。思辨思考的推进，必须要在学生现阶段心理发展和认知发展的基础之上，强加成人的思想和思维模式反而会阻碍学生思维能力的发展。

任务驱动型作文命题者帮助学生阅读作文材料，可以建立起学生的读者意识、把写作目的落到实处，充分尊重学生的自主思考，培养学生的思辨能力。以"任务驱动型作文"为写作教学的导向，打破传统作文教学模式，作文教学逐步向个性化、情境化发展。

三、对成果进行针对性评价

教师对学生文章中的不足进行指止与评价，将学生写得好的篇章段落进行展示，并表扬学生，这是教师对学生的作文进行的评价。《普通高中语文课程标准（2017年版）》中明确要求："语文教师应该根据实际需要，整合诊断性评价、形成性评价、终结性评价等多种评价方式。"以往的给予具体分数和一段笼统性评语的评价方式已经不能满足新课标对教师评价的要求，所以我们更要摒弃只给予单一终结性评价的评价方式。教师在进行评价时要明确指出学生存在的问题，并附上改进意见。动态批改与及时反馈相结合是进行针对性评价的有效方式。

动态批改，即评价方式的多元化和动态性，也就是评价方式不再是学生写、教师进行批改，而是采用小组内批改、班级内批改、年级内批改、教师批改等多样化、动态交叉的方式进行。在作文评价环节，教师对学生写作过程进行的终结性评价，使学生在写作过程中难以找到自己存在的问题，而也很难在传统的作文教学当中开展有效教学的策略，教师必须对学生的写作过程进行评价，即对学生的写作过程进行形成性评价，有针对性地指出学生存在的问题，从而使学生的写作水平得到纵深发展。及时反馈是对时间上的要求与限制，要求教师在学生写作结束后，在最短的时间内对学生的作文进行评价、反馈。

董蓓菲在《全景搜索美国语文课程、教材、教法、评价》中提到美国写作教学全程指导的写作过程分为"预写作—起草—修改—校对/编辑—出版/提交"五个阶段。"预写作"即确立写作中心、指定写作计划、定位写作对象，是将已有的知识经验和材料进行整合的过程。"起草"阶段是学生自由写作，在该阶段，学生不必注重文辞修饰及词语用法的规范性与准确性，只写自己想要表达的内容。初稿完成后进入"修改"阶段，该阶段在收到教师与同学的反馈后要求学生重新组织文本，对文章中的语言风格、修辞方法、语气文章结构和逻辑性进行修改和调整。"校对/编辑"阶段要求学生对句子结构、语法习惯、标点符号和错别字进行校对。"出版/提交"是初步结束习作阶段。在五个阶段的习作过程中教师全程参与，并为学生提供指导与反馈。

动态批改可分为三个阶段：自主批改、同伴互改、教师批改。自主批改即在写作之初，习作者自主修改文章；同伴互改发生在自主批改之后，在小组内部、班级内部、年级内部甚至各校之间，学生交换文章互改；教师批改是最后环节，这一环节是上两个环节的延续与拔高，引导学生习作的内容、角度想纵深发展。

及时反馈是在动态批改基础上进行的，是自我、同伴、教师对习作者文章做出的即时有效的反馈。及时反馈要求同伴和教师快速、准确地对文章进行反馈，从而使习作者即时地、高效地修改文章。

第三章 任务驱动型作文审题立意的教法研究

第一节 任务驱动型作文审题立意能力提升实验

一、知识体系形成期

本次任务驱动型作文审题立意专项突破的对象是襄阳市第四中学刚从高一升入高二的文科班学生，他们在初中三年和高一全年主要训练的是记叙文写作，关于议论文的写作方法方面掌握的知识较少，对于任务驱动型作文则仅有非常稀薄的感性认识。进入高二之后，骤然面对一种非常新颖又考查综合能力的议论文——任务驱动型作文，学生的反应真可谓一头雾水。加之小学和初中阶段的语文教师在教授学生写作方法时有模式化教学之嫌，导致学生养成了思维定式，写作文不愿意动脑筋思考，模板化、套路化现象突出，这与任务驱动型作文的要求是背道而驰的。因此，借升入高二的新环境之机，笔者通过各种措施，逐渐打破他们此前形成的思维定式，以期构建一种以表达个人观点为内驱力、以分析作文材料为依托、以思维训练为核心、以不同类型为单元、以提升审题能力为目的的作文教学理念。面对全新的学生，笔者认为还是应该先拉近与学生的距离，并竭力培养学生对任务驱动型作文的写作兴趣。

首先展示2017全国一卷高考语文作文题，并出示满分作文示例。

2017全国一卷高考语文作文题：

据近期一项对来华留学生的调查，他们较为关注的"中国关键词"有：一带一路、大熊猫、广场舞、中华美食、长城、共享单车、京剧、空气污染、美丽乡村、食品安全、高铁、移动支付。

请从中选择两三个关键词来呈现你所认识的中国，写一篇文章帮助外国青年读懂中国。要求选好关键词，使之形成有机的关联；选好角度，明确问题，自拟标题；不要套作，不得抄袭；不少于800字。

满分作文示例：

开放共享，成就大美中国

过去，提起中国，人们首先想到的就是长城、京剧、功夫和大熊猫……仿佛泱泱中国只和传统与继承有关，而无关乎创新与发展。放眼今日中国，"海斗号"无人潜水器成功下潜至万米，纯正中国基因"非洲天路"通车，共享经济乘着时代的快车向未来飞速前进，微信支付宝强势登陆美国。如今的中国，于守中嬗变，于传承中突破。中国，正以开放共享之姿，拥抱世界。

"无数铃声遥过碛，应驮白练到安西。"——遥想丝路神奇，今朝砥砺前行。

丝绸之路，唯美的名字背后承载了一部辉煌的世界文明交流史。2100多年前，中国的张骞率先走出了一条连接亚欧的丝绸之路；21世纪的今天，依然是由中国发起倡议，"一带一路"伴随着时代发展的强音，进而转化为国际共识。今日的中国，在继承传统的同时，也在积极思索，"一带一路"无疑是中国在世界舞台上的强势回归。

"风翻白浪花千片，雁点青天字一行。"——秉承平等交融，实现开放共赢。

中国的对外关系准则是无论国家大小、贫富，一律平等相待。柬埔寨国王西哈努克在谱写的《怀念中国》歌曲中唱道："您是一个大国，毫无自私傲慢，待人谦虚有礼，不论大小，平等相待……"中国，以平等的态度与世界各国友好交融，以开放的姿态与兄弟联邦实现共赢。当前世界依然处处存在竞争，但是这种竞争和资源共享密不可分，各国之间既是竞争关系，又是合作关系，中国以水之包容，在兼收并蓄的同时，也为他人做活水之源。

"山明水净夜来霜，数树深红出浅黄。"——倡导共享经济，收获时代强音。

2017年，"共享单车"突然遍布中国的大街小巷，这些单车聚焦城市交通的"最后一公里"，让公共自行车从"两点一线"中解放出来，深得广大民众赞誉。"共享单车"的待遇是共享经济在中国发展的缩影，如今，共享经济作为低成本、便利化、开放式的创新创业项目，受到越来越多中国人的推崇。以"共享单车"为代表的共享经济能够盘活市场资源，拥有广阔的发展前景，定会收获21世纪中国发展的时代强音。

王湾有诗云："海日生残夜，江春入旧年。"这告诉我们，新事物在旧事物中孕育并不断发展，这是一个水到渠成的过程。中国，以开放共享之姿，于传统中孕育出发展，于继承中孕育出希望，成就新世纪的大美中国！

2017年全国一卷高考语文的作文题是典型的任务驱动型作文，题干中给出了明确的任务指令，学生可以任意挑选两到三个关键词来行文，审题的难度并不大。通过这个实例展示及笔者对任务驱动型作文的概念讲解，学生明白了任务驱动型作文的含义和主要特点，并有了对教师下水作文的直接认识，取得的效果非常好。

其次，笔者借势向学生抛出问题："任务驱动型作文的审题立意是否都像这道题这样简单呢？"接着，笔者给学生展示了下面这道作文题。

2017全国二卷高考语文作文题：

阅读下面的材料，根据要求写作。

1.天行健，君子以自强不息。（《周易》）

2.露从今夜白，月是故乡明。（杜甫）

3.何须浅碧深红色，自是花中第一流。（李清照）

4.受光于庭户见一堂，受光于天下照四方。（魏源）

5.必须敢于正视，这才可望，敢想，敢说，敢做，敢当。（鲁迅）

6.数风流人物，还看今朝。（毛泽东）

中国文化博大精深，无数名句化育后世。读了上面六句，你有怎样的感触与思考？请以其中两三句为基础确认立意，并合理引用。写一篇文章，要求自选角度，明确文体，自拟标题；不少于800字。

学生普遍反映这个题目的审题立意难度较之全国一卷的作文题难一些，虽然都是先选择再立意，但是由于学生对某些句子的意思拿不准，所以害怕写跑题。笔者提示学生，这两道作文题虽然看似差异较大，但是依然属于同一种类型，即命题人给出几个关键词句让考生自主选择，根据选择的词句完成作文，所以这个其实是一种权衡选择，即"平行任务式"作文题目，只不过这种题的选择种类更多，更有利于学生扬长避短，选择自己熟悉的词语或句子来立意。

（一）掌握审题立意方法

由2017年全国一卷和二卷作文题的分析，便顺理成章地引出了笔者对任务驱动型作文的分类观点，即分为自选角度式、观点对立式和平行任务式。笔者在课堂上对这三种类别的任务驱动型作文的审题方法进行了分类讲解。

1.自选角度式

对于这一类作文，审题立意是最关键的一步，材料中可以挖掘的角度很多，但是一定会有一个最佳立意。虽然是自选角度式任务驱动型作文，但这并不意味着立意可以随意选择；可以说，如果没有选到最佳立意，作文的分数是很难高于48分的。所以，自选角度式任务驱动型作文的立意标准，就是要"命中靶心"。

第一，角度的选择。明确所选角度并不是指材料中的某句话，它不能偏离材料的整体。角度是看问题的出发点，可以围绕主要人物、主要原因、主要情感及态度（有现实指导意义的、贴近生活的、自己熟悉的、材料丰富的）进行选择。有几个人物，就有几个角度；有几个原因，就有几个角度；有几种感情和态度，就有几个角度。

第二，审题出现偏差的原因。一是角度理解有误；二是不能从整体把握材料的含义和主旨。

第三，审题方法。一是概括中心审题法。第一步，概括材料中心——人物＋事件＋结果；第二步，提炼道理；第三步，提炼观点句，压缩成主谓宾句。二是由果溯因审题法。第一步，从结果入手；第二步，找出原因；第三步，组句——原因当主语＋谓语＋结果当宾语。三是话题提炼审题法。第一步，找出材料的关键句；第二步，提炼出话题；第三步，组句——话题关键词＋谓语＋话题关键词。

2.观点对立式

（1）审题思路

基本思路：厘清核心事件—厘清双方观点—辨析双方观点、各自理由—选择其中一种观点确立自己的中心论点。需要指出的是，辨析双方各自理由的时候，要尽可能从多方面进行考虑，将各种合理因素尽可能都涵盖进来。那么，为什么要有这个步骤？其一，能够让自己的正面观点更充分。其二，能够考虑到对方会说的理由，行文中要注意进行比较和反驳。这就涉及具体的行文思路了。

（2）立意指导

观点对立式任务驱动型作文尤其需要辩证意识、比较意识和反驳意识。"比较"就是要充分考虑到对立双方各自的合理性是什么，这也就意味着对方的合理性可能就是己方观点的不足之处，而对于己方观点的不足之处，就需要在行文中辩证分析的部分适当指出。同时，针对对方观点有一些看似合理实则不合理的地方，就需要适当地进行"反驳"。换句话说，面对观点对立式任务驱动型作文，不能只是想着己方观点的合理性，而是要充分考虑到己方观点可能存在的不足或者对方观点存在的谬误。这与"辩论"的道理极其相似，学生可以推而比之。

按照这样的思路，学生在确定自己的立意之后，应当有这样的追问："我选择的这个立场可能存在哪些问题？对方可能会怎么反驳我？"然后在行文中用适当的篇幅将这一思考呈现出来，必定能使文章增色不少。

3.平行任务式

所谓"平行任务式"是指在给任务指令时，命题者提供了多种任务选择。如2015年全国一卷中"请给小陈、老陈或其他相关方写一封信，表明你的态度，阐述你的看法"，如2015全国二卷中"这三个人中，你认为谁更具风采？请综合材料及含意作文，体现你的思考、权衡与选择"，如2017全国二卷中"请以其中两三句为基础确认立意，并合理引用，写一篇文章"。可以这样说，平行任务式任务驱动型作文的任务驱动特点更鲜明，任务也更明确。近三年的高考作文大多是这种类型，主要分为以下三类。

（1）角色选择类

此类作文大都是模仿2015年全国一卷作文题进行设置的，要求完成的任务往往明确以其中一方的角色写一封信，表明态度，阐述看法。这种类型的作文关键在于角色的选择，由于选择不同，写作时的构思立意也完全不同。所以，在对此类作文进行审题立意时，一定要读懂材料，把握材料中所涉及的几方核心观点，然后进行权衡比较，可以站在不同立场来分析行为主体做法的优劣，为选择其中一方奠定论证基础，最后从自己最熟悉、最擅长、最有感触的立场进行论证分析。

（2）权衡比较类

本类题目在命题时都明确写明"权衡、选择"，并都有一个表示程度的副词修饰，如"最""更"等。这类作文的任务主要表现为在提供的三种平行任务中选择一个角度进行论述。这类作文一般惯用的写作思维为"比较思维"和"因果思维"。在多种平行任务中，首先要比较权衡分析每一种选择所体现的观点态度、所代表的核心价值和人生选择，只有认真分析了选择的不同，才可能进一步深刻探讨。比较不是目的，所以这类作文切不可全文比较，平行展开，三个任务各写一段；而是需要在比较权衡中明确自己的观点，然后展开分析所选观点的价值和意义，这才是最终的目的与归宿。

此类作文的难点就在于明确比较点，因此笔者给学生讲授了"权衡比较"的几种常见角度，即侧重、领域不同；程度不同；受众对象、影响范围不同；特点、方式、途径不同；贡献、作用、效果不同。

（3）词句组合类

这类作文以2017年全国一卷和二卷为代表，与权衡比较类相比，没有了"最""更"等词语修饰，所以没有必要对自己选择的和没有选择的做出比较论证。但值得注意的是，词句组合类看似自由多样，但实则不然，所选择的内容必须要有内在的有机联系，得出一个统摄词语或句子的主题，而不是简单罗列，一句一段，变成"一盘散沙"。所以，此类对学生的思维能力和谋篇布局能力要求较高，在构思立意时，如果能进行思辨分析，将所给词语、句子进行二元对立；如果在分析问题时，具有一定的批判意识或眼光，这样一定能避免"假大空"式、模式化、套路化等内容出现。

（二）进行审题立意训练

1.自选角度式

（1）例题展示

小王在电影厂大院里长大。父亲老王为人低调谦和，从影六十年，是演技精湛的老戏骨。儿时的小王经常跟随父亲出入片场但并不喜欢表演，加上长相寒碜，"歪瓜裂枣"似的，父亲认为他将来只能搞个摄影、剧务什么的。十七岁的小王插队下乡，专门喂猪，心里却滋生了演员梦，十八岁返城连考北京八个艺术团队，均告失败。父亲看到儿子如此执著，就找人帮没有任何演艺基础只擅长喂猪的小王排了个喂猪的小品，小王凭着完美逼真的表演走进演艺界。

前十年，小王一直跑龙套，当配角。母亲让他改行，可小王和父亲当年一样，口头禅是"甘当绿叶"。

后来终于凭借一部影片一举成名，接下来就大放异彩，好片不断，获奖无数，甚至夺得国际大奖。小王一时心潮澎湃，大胆接了一个"皇帝"的角色，结果被观众评为当年最差男主角。父亲严厉批评了他，认为他适合演那种"接地气的，贴近生活的小人物"，同时告诫他："演员，在荧屏里演的是人，在生活中没理由不像人。"小王谨遵父教，从此，对选角色变得很谨慎，常常因琢磨如何演得接地气而失眠，生活中的小王也更加低调谦和，结婚二十多年，夫妻举案齐眉，相敬如宾。

对小王的生活工作经历，你有何思考？请阐明你的看法。

要求：综合材料内容及含意，选好角度，确定立意，自拟标题；不得套作，不得抄袭，不得泄露个人信息。

（2）审题立意指导

总的来说，本题可以从"老王""小王"和综合角度三个方面挖掘立意。从"老王"角度，可以谈父辈教育子女应重视言传身教，适时指导而不粗暴干涉，更可以拔高到"家风"角度。从"小王"角度，可以谈成才路上既要坚持自我，也要聆听他人教诲，最终找到适合自己的位置；结合"小王"的成才过程，可以谈要有"甘当绿叶"的精神，立足当下，脚踏实地，沉潜蓄势，厚积薄发，而不能好高骛远，急于求成；综合整则材料，可以谈为人应该低调谦和、德艺双馨，不能因名气变大而"花"心。学生的立意若是"适合的才是最好的""人贵有自知之明"和"勇于追求梦想"，从材料中都可以找到依据，故也算符合题意。

（3）范文展示

以下是某学生写的范文。

低下头，看着土地

张牧笛说："我是一颗麦子，从地里长出；当我成熟了，也不会忘记，低下头，看着土地。"的确，低调谦和是人生应有的姿态，既然生于生活，生于群众，不应该忘记了生活与群众。习近平总书记曾告诫文艺工作者们："心中有人民，胸中有大义，笔下有丘壑。"小王的人生不正是这句箴言的最好写照吗？正因为他不脱离生活与群众，"在荧屏里演的是人，在生活中没理由不像人"指引着他走好了演艺之路，也走好了人生之路。我想，"低调谦和"四字是他成功的注脚。不仅是小王，很多人都将"低调谦和"奉为圭臬，不自矜于成就，只做好自己的本职。

日本有位"死过一千次"的演员，他每次只演好一个反派角色，镜头虽短暂，却浓缩着他对反派死前心理活动的反复体察、对其神态举止的精妙演绎。小王何不是如此，尽管饰演龙套、配角，他也甘之如饴，在他人认为太过卑微的角色中，他演活了别人，也演活了自己的精彩人生。更有敬业者，为了更加贴近生活与人民，不惜做出"自毁"。《立春》中，蒋雯丽为饰演肥硕的女人"王彩玲"而增重几十斤；阎肃为创作《江姐》亲自体验"老虎凳"。但这在常人眼中可能想象不出来。许多人都认为，生活在荧幕中的明星应该妆容精致，举止优雅，为演角色扮丑是自跌身价。在这样的观念下，越来越多的演员被捧上高尚的云端，忘却了低头姿态的人生，很难再有"丘壑""波澜"之作。

不如看看当下，小王这类演员实属珍稀，多数则是无心创作、耽于走秀的"毯星"。在镁光灯之下，他们三百六十度无死角的迷人微笑，宛如天仙。但如同作家亦舒所言："美则美矣，没有灵魂。"忘记了创作出好的贴近生活与群众的作品，他们高高在上，也失去了作为演员的灵魂与初心。

弘一法师说："众生皆平等，只是尔等冥顽不化。"你我皆凡人，不要忘了生活本身。这不仅适用于文艺创作，也适用于其他工作。哪怕身在高位，也不应趾高气扬。低调谦和，贴近生活，永远是人生最好的姿态。行路者啊，当你忘了前进的方向，你应该低下头，看看这土地。

笔者点评：本文的立意是低调谦和、脚踏实地，属于一档立意，命中靶心。全文围绕中心论点进行了有理有据的论证，文中引用张牧笛、习近平总书记、亦舒、弘一法师的名言，都与作文的立意高度吻合，增强了文章的说服力，增添了文采。

2.观点对立式

（1）例题展示

小轼和大葛是高中同学，大葛有不明白的问题，向小轼请教。小轼担心教会了大葛，大葛就超过自己了。小轼就推托自己也不会，大葛转身又去问别人。后来两人大学又同班，有一次大葛手机没电，找小轼借电话打给家里。打完后小轼追上来索要通话两分钟的话费五毛钱，大葛翻了翻皮夹说"没零钱"，小轼脸色有点不好看。大葛请小轼吃了顿午餐，小轼的脸色于是舒展。大学毕业后二人同时被北京中心城区的一家大公司录取。刚毕业，两人都缺钱。大葛不惜举债，在单位附近租了房子，表示要把省下来的时间用于学习和加班。三年后就拿到了注册会计师证，工资翻了两番。小轼心想，不能浪费钱，反正我有的是时间，就租住在北京五环外，每天上下班需要四小时，感觉很累。三年后，工资只涨了500元。

对于上述小轼与大葛二人的行事风格和视野格局，你有何思考？请阐明你的看法。

要求：选好角度，确定立意，明确文体，自拟标题，不要脱离材料内容及含意的范围作文。

（2）审题立意指导

对于任务驱动型作文题，首先是找准驱动性任务，任务决定了作文写什么。"对于上述小轼和大葛两人的行事风格和视野格局，你有何思考？请阐明你的看法"是该作文题的任务，考生必须谈论自己对"小轼"与"大葛"两人行事风格和视野格局的思考和看法。"思考和看法"属于任务驱动型作文中的看法与评论类。这类考题的立意角度较多，学生只要抓住其中一点展开论证即可。只需找准核心角度，切忌贪多求全，关注材料的焦点话题，最终确定作文的中心论点，由此进行深入论述。该作文题在驱动性指令中指示明显——"两人的行事风格和视野格局"，降低了审题的难度，偏题概率较小。

（3）范文展示

以下是某学生写的范文。

成大事者，需有大格局

从视同窗为竞争对手推辞不愿为其讲题到为一通电话五毛钱而郁闷不平，再到吝于眼前利益在辗转行程中消耗了青春。小轼的狭窄视野埋葬了无限可能，令人叹惋。

故曰："成大事者需有大格局。"如大葛境界宽大，目光长远，终能触到更高远的天空。

"风物长宜放眼量"，可惜小轼不懂得这个道理，一如井底之蛙，只窥得见一方小小天地，囿于眼前蝇头小利，"小学而大遗"也。

为同学讲授虽花费一些时间却能巩固所学，加深情谊，而打着小算盘，担心他人超越自己则是失掉了空间格局，修学提升的是自己而非千方百计抵制他人，并且更大的竞争对手岂是唯一班之内？水涨船高，助人亦是助己，为班内名次斤斤计较未免失之小气。

为五毛钱使朋友感情生隙更是不值得，被小钱污损的情感不易恢复，因为管中窥豹已可见其人心胸狭窄。

为不浪费钱，失掉宝贵光景充电学习则是失了时间格局。古人云："劝君莫惜金缕衣，劝君惜取少年时。"损耗的时间无法以金钱衡量，因为那每分每秒的学习是长效投入，回报不一定立即显露，却是一笔无形的资产，而大格局的大葛则参透此点，终于在事业上有所突破。

庄生在《逍遥游》中不也有小大之辩吗？"适莽苍者，三餐而反，腹犹果然；适百里者，宿舂粮；适千里者，三月聚粮。"小智小慧不及大格局，斥鴳如何明白大鹏鸟的宏图壮志？安于一隅的麻雀最终也绝不会飞入霄汉，扶摇直上九万里。先哲思想的灵光放在这两个人身上多么契合啊。

所以，欲成大事者需有大格局，有大格局者需有广阔视野、宽大胸怀，须着眼全局，放眼未来。

"不谋全局者，不足以谋一域"，与君共勉。

笔者点评：本文的立意是成大事者需有大格局；立意精准，分析深刻。该生在文中反复重申自己的中心论点，既能紧扣材料，又能准确列

111

举事例对自己的观点加以佐证，文章十分大气，值得学习。

3.平行任务式

（1）例题展示

①忍把浮名，换了浅斟低唱！（柳永）

②回首向来萧瑟处，归去，也无风雨也无晴。（苏轼）

③金戈铁马，气吞万里如虎。（辛弃疾）

④生当作人杰，死亦为鬼雄。（李清照）

⑤人生亦有命，安能行叹复坐愁？（鲍照）

⑥久在樊笼里，复得返自然。（陶渊明）

中华文化博大精深，无数名句化育后世，带领我们体味不同的人生态度和境界。以上诗文引起你怎样的思考和感悟？请以其中两三句为基础确立意，并合理引用，写一篇文章。

要求：自选角度，明确文体，自拟标题；不要套作，不得抄袭，不少于800字。

（2）审题立意指导

此作文立意应立足于人生的态度和境界。

第一，如果把①②⑥进行组合，可以拟定出世、退隐、追求恬淡等主旨。可赞同，也可反对。

第二，如果把③④进行组合，可以写人应积极入世、有所作为，实现人生的价值等。

第三，把①②⑥或者②③进行组合，两相对比，可以确立"出世与入世""积极与消极"等主题。可以两相对比，有所取舍；也可以兼而有之，并列提倡。例如，可以写"主张入世，反对出世"；也可以写"进则兼济天下，退则心系自然"。

第四，如果把①②⑤进行组合，可以写面对困难与挫折的态度和选择。

其他组合只要具有内在联系，富有逻辑性，言之成理均可。既可以将诗句放在原诗中、结合写作背景来理解，也可以将诗句单独拿出来解读。

（3）范文展示

以下是某学生写的范文。

积极向上，心怀宽广

"金戈铁马，气吞万里如虎"，这是辛弃疾一生的梦寐追求。"生当作人杰，死亦为鬼雄"，这是李清照凄凉而又华丽的一生的真实写照。怀古思今，我认为作为新时代的青年，我们需要他们这种积极乐观的态度和心怀宽广的气度。

其实，翻开历史的书卷，我们不难知道，辛弃疾的一生并不一帆风顺，甚至可以说相当坎坷，同大多数爱国志士一样，他也被卷入了年事已高、功业未成的旋涡。但是，即使在这种情况下，他也仍不忘豪言壮语、不弃雄心壮志，在词坛上独树一帜，成就了豪放派。

同理，李清照在经历了国破、家亡、夫死等一系列打击，自己年华老去，荣光不再后也是身心俱疲时，却吟出"生当作人杰，死亦为鬼雄"的绝句，丝毫不失词人风范。

我们作为新时代的青少年，处在社会大转型，各种思想、认识、观念相互错杂，并且竞争极度激烈的时期，加之本身青年心理脆弱，对社会现实认识不够，感到迷茫、无助，压力大是必然的。但是，作为祖国的未来、民族的希望，我们肩负着历史重担，对任何事情首先都要抱有一个积极的态度。看任何事物都要有博大胸怀。纵观当下，时代并没有给我们空余时间去如陶渊明一般"久在樊笼里，复得返自然"。而柳永的自命清高与现实格格不入，最终造成的只是他悲惨荒唐的一生和后人的掩卷三思，令人唏嘘不已。

十九大的钟声已然奏响，只有永不懈怠的精神底气和一往无前的拼搏朝气，积极向上，心怀博大，紧扣时代脉搏，跟紧改革鼓点，创造美好人生，方不负大好年华。鲁迅曾言："自古以来我们就有埋头苦干的人，有拼命硬干的人，有为民请命的人，有舍身求法的人。"正是这些人铸就了中华民族的脊梁，成为激励历代青年人奋斗的精神动力，支撑中华民族走向繁荣强大的精神支柱。

如今，在青年人中悄无声息地流行着一种"丧文化"。对此，我的态度是，偶尔自嘲解压还可以，但是要铭记"丧文化"从来都不是青春的主流，只有积极向上、奋发有为，以博大乐观的胸怀去看世界，才是青春正色。

习近平总书记在与青年知识分子、工人劳模的座谈会中强调："空谈误国，实干兴邦。"那么，就让我们行动起来，远离消极出世和颓废萎靡，积极向上，心怀宽广，奏响时代最强音。

笔者点评：本文的立意是积极向上、心怀宽广，属于"积极入世、有所作为"类。材料中所给辛弃疾和李清照的诗句，确实可以组合得出这样的立意，该生的审题能力较强，对立意的表达也非常准确。

二、学生问题暴露期

（一）自选角度式作文训练中暴露出的问题

1.例题展示

2017年7月8日，云南腾冲，一台ATM取款机前，一双沾满黄泥的雨鞋和安全帽一起摆在地上。一位取钱的中年男子光着脚，站在取款机前，取好钱出来后再穿上雨鞋。这一幕，被刚好到银行办事的市民看到并拍下传至网上。事后，意外成了"网红"。当事人赵增做说，那天要给工友们发工资，自己从工地骑摩托车去银行取款，为了不影响环境，他才脱了靴子再进去取钱。

你对赵增做的这种"脱鞋取钱"的行为有怎样的认识和看法呢？请写一篇不少于800字的作文来表明你的观点和态度。

要求：选好角度，确定立意，明确文体，自拟标题；不要脱离材料内容及含意范围作文，不要套作，不得抄袭。

2.审题立意指导

作文要求针对"赵增做脱鞋取钱的行为"发表自己的看法，从所给材料中我们可以看到，"赵增做"脱鞋取钱是"为了不影响环境卫生"，这是材料的关键句。审题时只有抓住关键句才能抓住出题人的意图，立意时才能切合题意。找出关键句后，要对关键句进行理解，理解时应透过现象看本质，"赵增做"为了不影响环境卫生而脱鞋取钱的行为是一种文明的行为，这种文明是为了保护环境、为他人着想，这体现了一种公共意识，是社会公德、文明自觉的一个缩影，同时也是对银行清洁工和其他取钱人的尊重。基于此，此次作文的立意应围绕"公共意识、社会公德、文明、尊重"等方面。

3.出现的问题

有一部分学生无限扩大材料内涵，认为这种"脱鞋取钱"的行为彰显了社会的不平等，体现了社会对农民工的歧视，因此立意为"要消除偏见、尊重农民工、人人平等、工人要有抬头挺胸的自信"等。此外，还有小部分同学从"细节决定成败、伟大来自平凡、环保、善良、奉献、诚信"等角度立意。这些都是不恰当的。有的同学立意为要有社会责任感，这是符合题意的，但在联系现实举例时却用大学生村官秦玥飞、扎跟农村教育的支月英、守护艾滋病儿童的郭小平等论据；谈"尊重"列举易烊千玺大红之后不骄傲，对每个人彬彬有礼等事例。

4.范文展示（跑题学生经教师点拨后重写的作文）

立公德，讲文明

它像甘霖一般滋润，它同黄泥一样朴实。在西南小镇上，于清沱大雨中，工人将污浊同雨鞋一道脱下，把洁净和公德一起托起。赤裸的双脚，却踏出文明的道路；淳朴的话语，透出极高的素质：为社会立公德心。

曾几何时，泱泱中华乃享誉世界的"礼仪之邦"。自我行为的规范，待人接物的儒雅，似清风明月，沁人心怀。而在经济快马加鞭的今天，文明与公德似乎总是滞后几拍。金字塔上赫然的"到此一游"尚未被风沙磨平，共享单车脆弱的躯体又饱受摧残；地铁上啃鸡爪，乱吐骨头的女人还未受到惩罚；公车上要求强制让座的老人扇的耳光又震动了我们的鼓膜。是素质的缺失，还是道德的沦丧？是文明古国的耻辱，还是每个公民公德心的晦暗？我们思索着，反省着。而云南腾冲的一幕温情场景，如骤雨初至，冲掉晦暗；如黑夜明灯，点亮文明；如深潭照物，彰显功德。正如西川有诗言："在一个晦暗的时代，你是唯一的灵魂。"

幸运的是，赵增做并不孤单，世界上还有许多"像你像他"的"野草野花"，平凡着，也伟大着。行人匆匆，汽车飞驰的斑马线上，闵庆昌老人的深深一鞠躬感召了多少司机行人；东倒西歪、遍地堆放的共享单车间，市民杨先生不断地扶起放正使多少素质低下的人面红耳赤。古人云："为天地立心，为生民立命，为往圣继绝学，为万世开太平。"而我想说："不用那么多，为社会立公德心足矣！"

大风泱泱，大潮滂滂。千古文明未绝者，唯我无双。就让我们承古代文明体，创现实文明风。规范自身行为，讲求社会公德。也许是地铁上戴上一副耳机，换他人一室清静；也许是公交车上收起的早餐，留他人一室芬芳；也许是斑马线前互相礼让，给彼此留下好心情、好印象。我们坚信：文明的圣火必将永远传承，公德之心必将支撑社会。

文明公德，乃一国家、一民族之标志。它无关乎身世高低，无关乎收入多少，无关乎知识素养。它只与每个人心中的正直有关，只与民族形象有关，只与你我有关。

笔者说明：本文的立意是立公德、讲文明，符合材料含义。该生在写这篇作文时，第一次的立意是奉献，在评讲作文后，经过笔者指导，该生重写了这篇作文。全文围绕公德和文明展开，例证丰富，文质兼美。

（二）观点对立式作文训练中暴露出的问题

1.例题展示

"我想我差不多是条废咸鱼了""什么都不想干""颓废到忧伤"……最近在年轻人中流行起一种"丧文化"，即一种不想工作、漫无目的、情绪低迷、欲望低下、只想麻木活下去的颓废心态，近年来流行的"葛优躺""北京瘫"表情包、《感觉身体被掏空》等歌曲就是其中的代表。

这种现象引起一些人的担忧，他们认为这种"丧文化"的流行反映出当今年轻人得过且过的心态、颓废虚无的人生观，缺乏积极向上、拼搏奋斗的精神面貌。但也有些人认为，其实不必对"丧文化"的一时流行过于忧虑，年轻人喜欢的"丧"，大多数只是一种自嘲和解压的方式而已，它并不意味着颓废和绝望。

对此你有怎样的思考和看法？请自拟题目，自选角度，写一篇不少于800字的议论文。

2.审题立意指导

这是一道任务驱动型作文题，让学生谈谈自己对"丧文化"现象的思考和看法。大体上可以从是什么（内涵）、为什么（形成原因）、怎么样（解决办法）三个方面挖掘。

是什么，即厘清"丧文化"的本质内涵。它是一种非主流的自我表现形式，迎合了青年一代自由表现自我的需要；是一种消极的价值观念和生活态度；是一股危害社会、毒害青年、后患无穷的社会风潮。由此看来，大家更应关注其消极意义，即批判这种得过且过、颓废虚无的人生观。至于"丧文化"的积极意义，实则非常有限，可以在谈了消极意义后再辩证地谈一谈。如若非要谈积极意义，可从"丧文化"只是表象，是青年人舒缓压力发泄不良情绪的渠道，最终还是要回到"看似颓废，实则积极"方面上。

为什么，即挖掘这一现象的形成原因。一是青年初期和中期心理脆弱这一特点使然；二是由当前年轻一代养尊处优、少经风雨、意志娇脆所致；三是青年人在阶级逐渐固化的当今奋斗艰难而前途未卜这一现实面前迷茫心情的自然流露；四是在快节奏社会中，青年人在工作上精力过度透支的孱弱呼声。

怎么样，即对这一现象的应对办法。一是年轻人自己需要自立自强、迎难而上的昂扬精神状态。二是强化舆论引导，帮助青年正确认识自己所处时代的机遇和挑战。三是社会、国家多给青年提供展现自我、施展才华的平台和机会。

3.出现问题

（1）概念不清

根本不清楚什么是"丧文化"，出现了诸如"'丧文化'是一种劳逸结合的方式""'丧文化'是人生不可或缺的部分""'丧文化'与中国古代的道家思想异曲同工""'丧'是一种洒脱""'丧文化'应该被弘扬""'丧文化'是成功的捷径"等令人啼笑皆非的观点。

（2）严重跑题

尤其是反面立意时，宿构现象十分明显。脱离任务直接把文章话题变为要积极上进，不要悲观绝望；要拼搏进取，不要退缩放弃；要奋斗，要乐观、青春万岁等，全文完全不提任何关于"丧文化"的态度。更有甚者，直接对原材料加以演绎展开，缺少自己的深入分析。

4.范文展示（跑题学生经教师点拨后重写的作文）

少年中国说

梁启超曾言："少年强则国强，少年智则国智。"年轻人是国之根本，而现在社会发展蒸蒸日上，"丧文化"却恣意横行之今日，青年人更应积极向上，心怀凌云之志和冲天气概。《娱乐至死》一书中曾明确指出现代社会"颓废、低迷、娱乐至死"的生活状态，"丧文化"的流行是一种畸形的社会心理。安逸与空虚如附骨之疽，吞食人的斗志，消磨人的精神，消减社会活力，百害而无一利。其在年轻人中的流行值得警惕，剥开调侃娱乐的外壳，"丧文化"的实质是当今年轻人缺乏理想、贪图享乐的消极心理。

孟子言："生于忧患，死于安乐。"而在当今和平年代，青年人大多衣食无忧，前无战火纷飞之危，后无养家糊口之忧，加之没有明确目标与远大理想，造成了懒散心理。而如今网络腐朽文化蔓延，网络小说的"庸俗文学"之潮尚未退去，"网红""小鲜肉"的炒作又起，缺乏正能量的网络文化也为"丧文化"的传播添砖加瓦，变本加厉。

年轻人应远离"丧文化"，这既是成就个人的要求，也是社会发展的需要。调查显示，中国目前一线科研人员平均年龄28岁，同样是青年，就应"发光发热"，成就自我，造福社会。是年轻人，就该有九天揽月，五洋捉鳖之雄心；就该有志夺青云，剑指苍天之气魄；就当如雄姿英发之周公瑾，当如"问苍茫大地"之毛泽东，当如扎根乡村之秦玥飞。如大国工匠，如抗洪武警，如边防官兵，他们积极进取，斗志昂扬，永远怀着对明天的期待，昭示着中国的未来。

王国维说："最是人间留不住，朱颜辞镜花辞树。"时光如白驹过隙，川之方至，作为新生的朝阳似的年轻人，则更应树立理想，珍惜时光，不妨动动指尖，将发表情包的时间用在搜索资料上；不妨少些抱怨，将满腹怨气化作一腔热忱；不妨少看些朋友圈，多出门走走，去广场看翱翔的白鸽，到山顶看金色的朝阳，你会感到颓丧与空虚一扫而光，取而代之的是活力与热血。抛弃了"丧文化"，人生会豁然开朗。

大江流日夜，慷慨歌未央。如今的中国正处于转型关键期，而中国振兴之责全在我青年。年轻人，你怎么样，中国就怎么样。

笔者说明：本文的立意是青年人应积极向上、心怀凌云之志，符合材料含义。该生在写这篇作文时，第一次的立意是奋斗，笔者指导她进行了重写。经过指导后，她在文中更加明确了对"丧文化"的批判态度，而不是像第一稿时那样空谈奋斗，因此更加符合任务驱动型作文的要求。

（三）平行选择式作文训练中暴露出的问题

1.例题展示

20出头的瑶族姑娘小卜，是瑶寨走出的第一个大学生。临近毕业时，小卜犯难了：家里的父老乡亲希望她能回去做教师，传播知识，为改变家乡的贫穷状况尽一份力；对小卜有录用意向的一家著名外企，则鼓励小卜加盟公司，发挥专业特长，创造优质生活；而小卜自己认为当前创业环境好，很想创办一家民族服装设计公司，实现自己的创业梦。

面对小卜的就业选择，你会给什么建议？请结合材料内容及含意作文，表明你的态度，阐述你的看法。

要求：选好角度，明确文体，自拟标题；不要套作，不得抄袭。

2.审题立意指导

"小卜的就业选择"，此处指的应该是材料中的三种选择，即回乡做教师、加盟外企、创办服装设计公司。为什么只有这三种呢？因为材料的最后一句话"实现自己的创业梦"后面是句号，就意味着目前小卜只有这三种选择。作为写作者，"你"给小卜提的建议必须建立在这三种已有选择的基础上，不能脱离这三种选择"另起炉灶"。三种就业选择不可同时而取，但它们可以不同时而取。如有些同学所建议："小卜先加盟外企，积累工作经验及资金；然后再创业；创业成功后，以资金支持家乡的教育事业。"这种"建议"比较稳重，较符合现实，故而是合理的。

综上所述，在具体写作时，可以将三种选择进行比较，然后建议小卜选择最适合的一种；也可以重点阐述选择某一职业的理由。不管选择哪一种，都得表明自己的态度，不能含糊其词；而且要联系现实，根据小卜的情况，阐述建议选择某一职业的理由、现实可行性有哪些。

3.出现问题

仅仅是泛泛而谈追逐梦想、奉献爱心等，没有完成作文要求的"任务"；脱离这三种选择"另起炉灶"；同时选择多种。"小卜"之所以犯难，一方面，正在于她只能选择其中一种职业（事业）；另一方面，命题者的本意也是让学生于三者的犯难中择其一。如果我们"取巧"的同时选取两种（或三种）职业（事业），这是对命题者原意的"消解"——违背题目原意。此外，这种同时选取两种（或三种）职业（事业）的"建议"，难有存在的现实基础。

4.范文展示（跑题学生经教师点拨后重写的作文）

追梦赤子心

当生活留给你三条岔路，你是选择做一支蜡烛，默默奉献；或是安稳度日，享岁月静好，抑或是独立于险滩，做时代的弄潮儿？我会选择后者，只因我深知人需要有一颗勇敢追梦的赤子之心。

哲人有诗："生活并非一汪静水，我渴望站在汹涌浪头。"对当今青年来说，创业梦代替了其他一切，成为人们心中的白月光。而小卜之

123

所以在创业与回乡之间纠结，则是由于她特殊的身份——瑶寨的第一个大学生。作为瑶寨乡民，她深知当地条件艰苦，教育水平低下，作为唯一的知识分子，似乎理应在乡亲的要求下回乡任教。但我们不妨转换思路，难道接济家乡就只有回乡一条路吗？个人理想与家族使命之间难道就找不到一个平衡点吗？答案是否定的。

我认为小卜应该选择创业，原因有两方面。一方面，不论是古时"修身齐家治国平天下"的古训，还是如今"梦想照耀未来"的大批横幅，都告诉我们：做人应坚持梦想，勇敢追求。为了客观限制而放弃创业梦想，不仅使小卜失去了一个飞黄腾达，成就自我的机会，更是违背了小卜内心的真正所向。以后回忆起来只能徒留一声长叹，以前惋惜且为看俞敏洪的踌躇满志，马云的胸有成竹，比尔·盖茨的满面春风。无数成功创业者引路在先，如何不令人满腔热血跃跃欲试？另一方面，小卜的创业同样可以从另一层面带动瑶寨的发展，她从事的民族服装事业本就是与瑶族文化相关，从社会学上文化带动经济的角度分析，小卜创业成功，民族服饰畅销自然会使世人眼光聚焦到瑶族小寨上。岂不闻近日，新疆一个小伙拍摄维吾尔服装走红，引起无数人关注的事儿？创业自可吸引更多社会力量发展乡村，同样的，民国一代名绅——张謇独自创业，功成后捐款大量以改造家乡，推动发展。而小卜是选择回乡教书，教育十几个孩童以期进步还是投身创业，带有更大的影响力之后再回馈家乡，我想，答案已经很明显了。

当然，创业存在风险，在当今激流涌湍的时代，想要出人头地，有一番作为，更需要一个智慧的头脑，有吃苦耐劳的坚毅，当机立断的果敢，坚强乐观的心态……再加上当今习近平总书记对"大众创业、万众创新"的呼吁支持，我相信小卜的前途定会万丈光明。

时代需要秦玥飞那样扎根基层的奉献者，更需要勇敢追梦的创业者、开拓者。正如歌词所说，"与其苟延残喘，不如纵情燃烧吧！为了心中的美好，不妥协直到变老"。

笔者说明：本文的立意是追梦赤子心，符合材料含义。该生在写这篇作文时，第一次泛谈梦想，完全是任务驱动型作文要着力打击的套作文。经过笔者指导后，她在第二稿中紧扣材料，发表对梦想的态度，支持"小卜"选择创业，虽然还是谈梦想，但是却不像第一稿那样空洞了。

三、审题立意突破期

（一）自选角度式作文训练实例

1.例题展示

每天5点起床，晚上12点休息。32岁的谭超是烟台大学一个快递代理点的快递员。他还有一个身份——延边大学历史系的博士生，白天送快递，晚上一头扎进文献堆，在厚厚的史料中探究古代东北亚历史问题。现在，他成为这个快递点的老板，被誉为国内学历最高的"博士快递哥"。

每年，北京大学保安队都有20余名保安通过工休时间自学和免费旁听北大课程考进大学。7年间，北大保安共走出了300多位大学生。这些保安大多来自农村，他们中有的取得了大专或本科学历，有的甚至考上了北大；有的考上了重点高校的研究生，毕业后当上了大学教授。

　　这两则材料给了你怎样的启发与思考？请选择材料中一个角度写一篇不少于800字的文章。

　　2.审题立意指导

　　这是一道多则材料任务驱动型作文题，应先概括两则材料的主要内容，再通过对比材料的异同点找准立意。两则材料都谈的是人生规划选择问题。材料一的故事概括为博士生"谭超"边做快递员边学习。材料二的故事概括为北大保安通过自身勤奋努力考取大学。首先，从故事本身来看，二者都提到了学历与工作。就事论事，保安可以考大学，博士生为什么不能做快递员呢？职业无贵贱，任何工作都可以是实现人生价值的平台。社会在发展，职业的选择是多元化的，并不一定要学以致用。"北大屠夫"陆步轩，耶鲁高才生秦玥飞，清华网红主播石悦……他们都是高学历人才，在平凡的工作中做出不凡的成绩。反之，起点低的北大保安，也没有囿于自己的工作与身份，完成了美丽的逆袭。综合两则材料，可以提炼观点：职业无贵贱，每一份工作都可以是施展才华，追求梦想的平台。其次，分析"谭超"和北大保安做出不同选择的原因。材料一中，博士"谭超"现阶段身份是快递点老板，作为在读博士生，"谭超"需要支付教育的费用，又要承担家庭的压力，他的这种选择让自己在工作和学习之间找到了暂时的平衡点，既减轻了经济压力，又没有放弃学习；既兼顾了眼前的现实，又没有停下追求未来的脚步。我们找文中对"谭超"的描述关键句："每天早上5点起床，晚上12点休息""白天送快递，晚上……探究古代东北亚历史问题"。

从材料来看，并未对"谭超"的选择持贬低态度，反而肯定了他的踏实工作、勤奋学习。材料二中，北大保安通过自学或旁听考进大学的故事非常励志，他们之所以能考上大学，是因为没有局限于保安身份这个现实，在做保安的时候努力追求自己的梦想，真正诠释了"有梦想谁都了不起"。

3.范文展示

才学不应为职业所累

历史系博士送快递，保安哥自学上北大，看似荒唐稀奇，实则不然。两则材料均向我们传达了这样一个观点：才学和职业并无必然联系，才学不应为职业所累。

首先，我认为才学是一种个人修养，是完善自己，追求人生价值的方式，无须打上功利的标签。长久以来，中国社会将才学和谋仕相合一，数千年来的科举制度让人们对学习、学历产生了根深蒂固的认识。即学习是为了提高自己的社会地位，谋求更好的职业，获得更优越的生活。这断然是错误的。犹记得爱琴海边，阿波罗神殿的石柱上，塔列斯那发人深省的有力镌刻："人啊，认识你自己！"我们每个人都应该问问自己：读书、学习为了什么？我想说，升官发财请走别路，急功近利勿进此门。学习之路是追求知识之路，格物致知、思考发现、追寻获得。请不要让才学为职业所累。

其次，我认为谭超和保安哥的出现是社会进步的表现，我们不应该感到稀奇，更不应该有所指责。在美国，一名卡车司机可能是坎贝尔大学生物学博士，一名杂物店主可能是纽约大学自然哲学博士。美国人的受教育程度高于中国，这并没有什么好怀疑的，更为重要的是，他们没有把学位看作限制，而是把它作为个人修养。这与国人有了大学学历，宁愿挤破头做小白领，也不愿意放下身段从蓝领做起的思维观念，孰优孰劣，一见便知。可喜的是，社会在进步，前有北大"三无猪肉"卖得风生水起，后有清华粉丝哥米线生意如火如荼。这都向我们传达了"才学不为职业所累，职业不为才学所困"的制衡之道。

最后，我认为，才学是为了实现梦想添砖加瓦，而不是禁锢自己前行的囚笼。在《朗读者》节目中，有一对朗诵《堂吉诃德》的清北学霸分外耀眼，一位是北大中文系的高才生，一位是清华生物系的才女，他们都不把学历当作负累，将才学运用到自己所爱的音乐中，让这种艺术在中国散发独特的魅力。

牛顿曾经感慨过："我只是一个在沙滩上玩耍的小男孩，偶尔拾起几个美丽的贝壳，几度把玩，欣赏它的美丽，而在我面前是一片未开发的知识的海洋。"我认为这才是对才学应有的认识。这是以己之学，探索未见，实现自己价值，为人类社会发展做出贡献的态度。从职就业，是生活所需，不是才学所求。

秉忠贞之态，怀广博之识，弃职业之累，终成大器。

笔者点评：本文的立意是才学不应为职业所累，观点新颖，符合题意。通过阅读两则材料，该生能得出"才学和职业并无必然联系，才学不应为职业所累"这一观点，审题立意能力在众多学生中还是非常突出的，"弃职业之累，终成大器"的表述是中心思想的升华。

（二）观点对立式作文训练实例

1.例题展示

随着"互联网+"时代的到来，以外卖、快递、打卡为代表的"懒人经济"在大学校园里日渐流行，但近日，一则落款为"某财经学院后勤集团"的通知引发舆论关注："各公寓如发现订餐、送餐的同学，将给予该同学寝室断电3日；如有同学举报订餐、送餐情况，一经查实并对商家进行处罚后，给予该同学500元奖励。"学生和家长们对此意见不一，请选择一方的立场，对此发表评论。

要求：综合材料内容及含意作文，完成写作任务，表达你的观点、理据与思考。要选好角度，确定文章立意，明确文体，自拟标题；不得套作，不得抄袭。

2.审题立意指导

认真审读材料，材料的重点是某学院针对日渐流行的"懒人经济"发了一则通知，学生和家长对此意见不一，选择一方的立场，对此发表评论。首先，可以确定本次作文要求是写一篇时评文，对学院的通知表达自己的意见。赞同学院做法的同学是将"懒人经济"的"懒"理解为"懒惰"。赞同的理由是：订外卖让身体缺少必要的活动和锻炼，不利于身体健康；天天宅在寝室里变得懒惰，不利于品德培养；外卖食品生产加工缺少监督，不能保证食品的安全卫生；外卖带来很多包装，增加了校园环境维护的压力；宅在寝室里，不愿意和外界交流，不利于个人能力的培养等。反对学院的同学将"懒"理解为"方便、快捷、高效"。反对学院的理由是："懒人经济"是时代的发展趋势，拒绝就是不顾时代潮流；当今社会分工日益细化，不需要每件事都亲力亲为；"懒人经济"让大学生有效利用时间，可以去做更有意义的事；将寝室断电3日的做法不合理，而且不能收到应有的效果；对商家进行处罚不太现实；对举报的同学奖励500元，会破坏同学关系，助长不良习气。

3.范文展示

"懒人"改变世界

近日，某财经学院后勤集团针对校内学生订餐、送餐的"宅现象"，制定了"断电三日""举报者奖500元"等奖惩制度，因而在网络上引起舆论关注。依我之见，校方的做法是武断乃至不正确的。

大学校园中的青年人是最具创造力和代表性的一代，他们选择了以外卖、快递、打卡为代表的"懒人经济"，实际上是选择了一种便利快捷的生活态度。大学生信仰科技，绝不是什么坏现象，也并不意味着"宅"或"懒"的生活作风。订餐为他们节省出来的时间和金钱，也可能被用作学习和锻炼。

由此看来，校方的处理方式就显得偏激和武断。"订餐"只是新一代"快生活"的一种外在体现，校方却就此现象以偏概全地加以否定，采取"枪打出头鸟"式的"一刀切"态度，可以说是非常骇人的"开倒车"行为了。校方的出发点或许是为了同学们好，但其采取的方式确实不当，加强校内体育馆的建设或是教学上的创新，也许更能达到校方的根本目的。"懒人经济"的迅速发展并非时代潮流，也并非一时兴起。

想想整个人类史的发展吧，一切都是举着"便利"为圭臬应运而生的产物。

自行车的发明，难道不是因为"懒"吗？纵观一部交通史，便是一部人类科学发展史，从生物质能到蒸汽动力，再到如今的电能，不都是该时代智慧的结晶给予人类便利的吗？许多科学家和伟人也是懒的，他们像简化方程式似的把生活琐事简化到极致，过起深居简出的生活，从而投身于自己热爱的事业。又如艺术界的经典转折，没有管装颜料就没有印象派，不论是凡·高还是莫奈，都不会否定"懒人"便利的好处。

又或者说，大学生活本来就是对校方该制度的一个绝佳反证。为了省去写粉笔字的时间，教授们便用多媒体上课；为了提高经济效益，食堂用饭卡买饭；即使是额外的教材，有时也会从网上订购。校方只看到了"懒现象"，而并没有想过"懒科技""懒经济"为教学带来了多少便利，更没有考虑到该打压政策对学生科技观造成的负面影响，是不利于高新人才发展的。

不论过去还是现在，"懒"总与科技发展挂钩，是作为科学的催化剂、时代创造的强心剂而存在着的。对于一所财经大学来说，也许创新发展与时俱进才是最好的选择。

笔者点评：本文的立意是"懒人"改变世界，选择的是材料中学生的观点，符合题意。本文对材料中的"懒"进行了个人化的解读，该生认为"懒"是科学的催化剂，"懒"非但不是错，还是时代的强心剂，所言甚有道理。

（三）平行选择式作文训练实例

1.例题展示

一女子在未系安全带的情况下一边开车一边给孩子喂奶，此时正在道路交叉口转盘处执勤的交警发现了这一情况，于是立即让这位女驾驶员停车熄火，并将孩子抱给坐在后排的亲属。驾车女子说，车流量大，车行缓慢，孩子不停地哭闹，后排的亲戚无法安抚孩子情绪，因担心孩子饿了，便想到了喂奶安抚孩子的情绪。交警对这名女子严厉批评教育后，按照相关法律规定进行了处罚。此事引起了网友的讨论。

对以上事情，你怎么看？请以"小明"为写信人给这名女司机、交警或其他相关方写一封信，表明你对此事的态度，阐述你的看法。

2.审题立意指导

第一，写给女子。如果选择女子为写作对象，则主要是批评和劝诫。女子爱子心切可以理解，但再心急也不能失去最起码的理性和基本常识。爱子女是父母的天性，但一定要把握好"尺度"，不能脱离规则。做合格的父母就要理性地爱孩子，有底线地爱孩子。女子这种非理性的爱是危险自私的母爱，罔顾了基本的法度和秩序。

第二，写给交警。角度一：点赞。交警看见女子在未系安全带的情况下一边开车一边喂奶，立即让这位女驾驶员停车熄火并进行教育处罚。交警没有睁只眼、闭只眼，无所作为，他认真负责地履行了本职工作，我们可以为交警主动作为、积极有为的工作作风点赞；交警采取的是教育和处罚相结合的方式进行执法，不仅执行了法律，而且趁机有力地宣传普及了法律，我们可以为其正确的执法方式点赞。角度二：质疑、商榷或批评。该女子毕竟是出于心疼孩子的原因才会无心违规，交警执法的对象终究是人，所以执法也应该有温度。交警既是教育又是批评，处理问题时能否再多点人情味？这并非是对坏人坏事的恣意纵容，也并非是对法律法规强制性的挑战，而是能让人文关怀式微的理性时代更有人情味，还法律应有的温度。所以，交警应该将严格执法和人文关怀结合起来。

第三，写给女子亲属。选择女子亲属为写作对象，也主要是批评和劝诫。孩子哭闹时应由同行人尽量抚慰，不能让孩子的负面情绪影响驾驶人的行为。女子亲属因为女司机想给孩子喂奶就纵容她，这是对女子、孩子和自己生命的极不负责任，同时对其他过往车辆的安全也会造成极大影响。从这个角度讲，女子亲属也不够理性，罔顾了安全原则，没有树立规则意识。作为旁观者，女子的亲属应该保持理性，可以提醒女司机把车停到安全位置，安抚好孩子后再开车。

3.范文展示

生命之法岂可等闲视

亲爱的阿姨：

您好！见字如面，展信愉快！在网上看到了您的相关报道，我既为您遭遇这样的事感到难过，又产生了隐隐的后怕与不安：若交警没有拦住您的车辆，不知是否会酿成不堪回首的悲剧？护卫生命的法规，岂可当儿戏呀！

卢梭曾言："人生而自由，却无处不在枷锁中。"其实，这层枷锁是必需且必要的，它便是保障个人自由，不侵犯他人自由的法律。您为安抚孩子而开车哺乳，未系安全带，也许是出于一位母亲舐犊情深的天性。然而，孩子一时的蹬踢可能误触方向盘，您瞬间的分神可能导致误踩油门，安全带保护的缺失不知有多严重的后果。倘若不幸发生了交通事故……我们怎敢继续推测？违反交规，是图一时己身之快而致他人终身之恨啊。

或许，您的心中有些许对交警的不解与不满：又没有真出事，安抚孩子至于小题大做吗？我认为，法律的权威不容受到侵犯。我们都能理解您心疼孩子的拳拳之心，可是规则容不得母爱的私心。北京八达岭野生动物园仍残存斑斑血痕，浙江宁波虎园的枪声还在耳畔，规则如擎天之柱岿然立于苍穹，凛然不可侵，浩然不可亵。

心存侥幸者，恐为其所噬啊！阿姨，请您明白交警叔叔的良苦用心，他的拦截与说教，不仅仅是出于职责，更是对生命的怜惜和对法律的捍卫。昔者小陈举报高速上打电话的父亲，九寨沟严肃处理闯入未开发区的驴友，他们都是基于对人民生命安全的维护。"高速开车不能打电话""禁止进入未开发区""上路需系安全带"……种种看似烦琐而恼人的规定，无一不彰显了以人为本、尊重生命的人文关怀。

所以，请您理解，交警的严惩亦是对生命之法的维护。"法于法者，民也"，当今社会，全面依法治国快速推进，《中华人民共和国民法总则》亦呼唤着"民法典时代"的到来。法律是治理国家之重器，亦是保障众生之根本，以维护人民生命安全为宗旨的司法体系，堪称"生命之法"。

阿姨，我衷心希望您能明了这生命之法对国家、对社会、对我们的意义，在"依法治国"这幅宏伟画卷中，刻上属于我们自己的徽章。

卫和谐，护生命，铮铮铁律，让我们共同守护！

敬祝，夏安！

小明

2017年5月13日

笔者点评：本文的立意是生命之法岂可等闲视，选择了给材料中的女司机写信。该生的立意是不赞同女司机的做法，中心明确，情词恳切，旨在表明女司机的做法是违法的，又上升到维护社会和谐的程度，自然合理。

第二节 任务驱动型作文审题立意教学建议

一、理论知识与作文训练相结合

《普通高中语文课程标准（2017年版）》指出，高中语文课程应进一步提高学生的语文素养，使学生具备较强的语文应用能力和一定的审美能力、探究能力，形成良好的思想道德素质和科学文化素质，为终身学习和有个性地发展奠定基础。笔者认为，无论是语文素养的提高，还是语文能力的提升，都需要把理论知识的学习与相关训练的实践相结合，作文版块亦是如此。

一个语文教师的教育理念决定了其对学生作文的评价标准，作文评价标准又左右了学生的作文价值取向和审美倾向。根据在教学实验中总结的经验，笔者认为，要想提升学生任务驱动型作文审题立意的能力，必须要将感性认识和理性认识巧妙地结合在一起，既要给予学生充分的理论指导，又要精选题目，让学生有针对性地训练，还要根据学生的实际情况，调整训练的频率。著名教育家苏霍姆林斯基曾经表达了这样一种观点，他认为，在少年教育中出现困难的最重要原因，是教育行为常常以赤裸裸的方式出现在学生面前。因此，教师应让学生多思考，而不只是一味地强调自己对学生任务驱动型作文理论知识的讲解，一定要让学生把理论知识运用到作文训练中去，再用在实践中总结的经验去印证此前教师的讲解。这样，两者相结合，学生就能理性分析任务驱动型作文的材料，对审题立意能力的提升会大有帮助。

二、教师讲解与学生互评相结合

在任务驱动型作文讲评课上，教师应该花大量的时间去讲解作文题的正确立意，并分析被判定为跑题的立意有什么不妥之处，然后结合范文跟学生仔细点评文中是如何始终围绕自己的正确立意展开行文。身处大数据时代，在进行教学时，教师可以借助多媒体等先进设备，展示不能通过语言描绘出来的画面和情境，从而激发学生的学习兴趣。同理，语文教师在作文评讲课上也应善于运用多媒体展示学生习作，可以带着学生一起品读优秀的作文，亦可让学生一起分析作文跑题的原因。

此外，教师还应鼓励学生互评作文，使之成为教师作文讲评的补充。尽管这种作文评价方式也出现在其他类型的作文教学中，但作为一种信息互通和强化主体意识的作文评价方式，它也成为任务驱动型作文教学不可或缺的环节。这种评价方式不仅可以让学生接触到更多同学的文章，而且通过互评，学生可以从不同的视角获得作文评价标准的感性经验，形成理性的作文框架结构意识，借此指导自身作文实践。

三、写作训练与语言表达相结合

著名教育家第斯多惠指出："教育的艺术不在于传授本领，而在于激励、唤醒和鼓舞。"在教学中，教师应着力激发学生的求知欲，引导学生积极探索、勇于实践，鼓励学生大胆展现自我。实际上，写作训练是一种语言和思维训练。语言是一门学问，讲话更是一门艺术，因此组织语言更需要方法。要想写得一手好文章，还需说得一嘴好话。讲话的过程便是思维方法与能力体现的过程，一个人是否将一个问题有理有据、有条不紊、层层深入地讲解清楚，便可从中看出他的思维水平如何。虽然高中阶段的时间紧、任务重，作文训练的时间有限，但是口头表达训练十分灵活，不受时空限制，随时随地都可以围绕任何话题进行。训练的方式也非常多，如课前五分钟、课堂上提问、辩论赛等。

以课前五分钟为例，每节课前可选取一个作文题或一件事，邀请学生对此发表评论，一周可以只选取一个话题，每节语文课让几个同学讲述自己的观点。这样一来，既锻炼了学生的口头表达能力，也在无形中提高了任务驱动型作文审题立意训练的频率。

四、时事热点与传统文化相结合

"两耳不闻窗外事，一心只读圣贤书"的时代早已过去，新时代要求高中生能够面向世界、面向未来，并时刻关心国家大事，大数据时代为高中生获取信息提供了更加便捷、更加通畅的渠道。身处信息大爆炸的时代，高中生应时刻关注时事生活，深入了解社会动态。此外，近几年高考作文的命题趋势也要求考生必须更多地关心生活、关注时事、关注社会。了解更多的时事，一则能够为作文提供更为鲜活、生动的素材；二是可以让学生对自我、他人、社会有更加清醒的认识。他人鲜活的事例总是比课本上的知识来得更为直接，自己对事件的分析认知总是比教师的枯燥讲道理来得更为深刻。

德国语言学家洪堡特说："语言的所有最为纤细的根茎生长在民族精神力量之中。"①今天的中国处在一个复杂而多元的文化并存的时代，尤其是大众文化的浪潮席卷而来，正如黑格尔所说的，"感官世界来临了"，我们的学生便毫无选择地被卷到大众文化的漩涡之中，不由自主地去寻求感官的愉悦，自然就会淡化经典，这正是教育必须面对的严峻形势。语文教师必须引导学生走近中国的传统文化，它是我们立足于世界的文化之根，也是任务驱动型作文审题立意能否做到大气、有深度的重要原因。

五、课内学习与课外阅读相结合

《普通高中语文课程标准（2017年版）》指出，注重语文应用、审美与探究能力的培养，促进学生均衡而有个性地发展。一个优秀的语文教师，是能够让学生在语文学习中获得审美体验，也能够提高学生的审美情趣的。读写结合，文章鲜活；作文要想写好，就必须多阅读。语文

---

① ［德］威廉·冯·洪堡特.论人类语言结构的差异及其对人类精神发展的影响[M].姚小平，译.北京：商务印书馆，1999.

教师应当为学生的课外阅读与积累提供环境，创造良好的氛围。

　　学生面对任务驱动型作文时出现审题立意失当的根本原因，其实是阅读理解能力的欠缺，想要提高阅读能力，除了学习教材，课外的阅读也是必不可少的。文学的美感和韵味，需要自己去感受和品味，"只可意会而不可言传"。优秀的文学作品本身就具有"状难写之景，如在目前；含不尽之意，见于言外"的特质，中国古代传统教授方式就是牢牢抓住这些文学特质，通过感悟和积累等方式，使学生直达文学殿堂。因此，要想让学生真正审清题目、写好作文，就必须重视学生的自我阅读积累。学生看的佳作多了，自然能够提升阅读理解的能力，也能掌握更多的语言表达技巧；阅读能力提升了，学生在审题时就不容易跑偏，而语言表达经验的丰富更对作文立意的提炼大有裨益。

　　笔者提出的上述教学建议是在教学实验后获得的一点认知，任务驱动型作文审题立意的教学是现阶段高中语文学科的重点，也是难点，高中语文教师在这一领域仍大有可为。

第四章 任务驱动型作文教学与批判性思维能力的培养

第一节 批判性思维的内涵探究

一、批判性思维的内涵

批判性思维的最早起源可追溯到苏格拉底的"精神助产术"，这一教学理念曾在亚里士多德的《辩谬篇》中得到了详细分析。后世的托马斯·阿奎那、弗朗西斯·培根、马基雅维利等人也受此影响，天门的著作中无一不浸润着"批判"精神。然而，"批判性思维"这一命题的真正提出，则是在20世纪30年代，以德国法兰克福学派为代表的学者们对此纷纷展开了深入研究。此后，学界对批判性思维定义的讨论一直非常活跃，但由于认知角度等方面的差异，至今仍未形成一个统一的定义。

国外比较有代表性的观点有以下四种。

第一，美国伊利诺伊大学教授罗伯特·恩尼斯将"批判性思维"定义为"合理的、反思性的思维"。"合理"即合乎常规、合乎逻辑；"反思"即对自我的审视，我们以此思维来检视自己，从而达到破除盲从、独立思考、理智行动的目的。

第二，《学会提问：批判性思维指南（第七版）》的作者布朗·基利认为，批判性思维即是在广泛的阅读、倾听中，运用淘金式的思维方式记录下与他人不同的观点，并顺着自己对推理的质疑，反复、持续地对材料进行评估，以得到合理、正确的结论。[①]

第三，理查德·保罗、琳达·埃尔德在《批判性思维》一书中提出，"批判性思维就是自己把握方向的、自律的、自我监控的和自我改进的思维方式"[②]。它是在普通思维的基础上又加了第二层思考，并对第一层思考进行分析和评价。

第四，美国Delphi Method的研究项目小组通过两年的研究，将"批判性思维"定义为"有目的的、自我校准的判断。这种判断表现为解释、分析、评估、推论，以及对判断赖以存在的证据、概念、方法、标准或语境的说明"[③]。

国内比较有代表性的观点有以下三种。

第一，北京大学的谷振诣教授、刘壮虎教授格外强调逻辑与理性，他们提出，"批判性思维就是提出恰当的问题和做出合理论证的能力"[④]，这与美国学者布朗、基利的观点不谋而合。

第二，华东师范大学钟启泉教授认为，"批判性思维即是对于某种事物、现象和主张发现问题所在，同时根据自身的思考逻辑做出主张的

---

① [美]布朗·基利. 学会提问——批判性思维指南（第七版）[M]. 赵玉芳， 向景辉，译. 北京：中国轻工业出版社，2006.

② [美]理查德·保罗，琳达·埃尔德. 批判性思维[M]. 朱素梅，译. 北京：新星出版社，2006.

③ Facion Peter A. Critical thinking：A statement of expert consen for purposes of educational assessment and instruction （executive summary）. In The Delphi Report. [M]. California：Califomia Academic Press，1990.

④ 谷振诣，刘壮虎. 批判性思维教程[M]. 北京：北京大学出版社，2006.

思考"①。好奇心、独立性是具有批判性思维的思考者必备的品质。

第三，在余党绪老师看来，"批判性思维是一种追求合理、公正和创新的现代思维方式，兼具价值性与工具性"②。这不仅有助于陶冶品性，更是一种实用的思维技能。

可见，关于"批判性思维"的表述虽不尽相同，学者们或认为批判性思维是一种提出问题、解决问题的能力，或认为批判性思维是一种有关逻辑的思维技能。但是从本质上来看，这些定义并不相悖，他们都宣扬一种辩证扬弃的态度，都认同对真理的追寻与坚守，即怀疑，但不全面否定；开放，但不游移不定；分析，但不寻弊索瑕；坚决，但不怙顽不悛；评价，但不主观臆断；有力，但不偏执自大。

同时，笔者认为，各个学者们对一个批判性思维者的期许都具有以下七个特点：一是好奇心，即承认自己的局限性，对已知、未知的事情都充满了好奇；二是挑战性，即勇于面对有争议的问题，敢于向疑难问题发起挑战；三是洞察力，即能迅速敏锐地发现问题症结所在；四是判断力，即把判断建立在确凿可信的证据上，不主观臆断；五是公正性，即摆脱以自我为中心的思维方式，避免狭隘、片面、极端的思维，寻求公正的观点；六是反思性，即对自己的思维、行为进行再思考，在自我审视中寻求进步；七是独立性，即不"人云亦云"，不随波逐流，保持自己独立的思考，形成独特见解。而这亦是当代中学生所需要、所必备的品质。在"批判性思维"这一思维方式影响下，学生所形成的一系列精神气质，无一不对他们的成功、国家的进步有着非常重要的影响。

---

① 钟启泉.课程的逻辑[M].上海：华东师范大学出版社，2008.
② 余党绪.祛魅与祛蔽——批判性思维与中学语文思辨读写[M].北京：中国人民大学出版社，2016.

二、批判性思维应具备的能力

对于批判性思维应具备的能力，学界有不同的归类方式。尼德勒在《批判性思维技能一览表》中划分了12个技能，归为三大类——定义和明确文体、判断相关信息、做出结论。特里林和菲德尔在《21世纪技能》一书中将批判性思维应具备的能力则划分为高效推理、明智的判断和决策、解决问题三类。目前认可度较高的则是美国哲学学会的分类与解释。以美国哲学学会在《关于批判性思维的专家共识声明》中对批判性思维能力的解释为基础，彼得•法乔恩在其书《批判性思维——思考让你永远年轻》中整理了批判性思维的六大核心能力——解读、分析、推理、评价、解释、自我监控。

虽然批判性思维技能是以表格的方式呈现，但这并不意味着批判性思维是以能力表格的形式死记硬背。一般而言，列表要求我们按照既定的顺序逐步进展，但批判性思维则不同，它要求我们根据具体的情境，进行综合运用，从而有助于人们形成更准确的认识，做出更为准确的判断。

在培养批判性思维能力的过程中，我们虽然可以逐一对六大能力进行针对性训练，但最终还是要达成批判性思维核心能力的互动。如此，才算是批判性思维的真正形成。

第二节　在任务驱动型作文教学中培养学生批判性思维能力的意义

　　从前文的论述中，我们不难发现，与材料作文时期的教学观念相比，任务驱动型作文不再单纯停留于对语言、技巧的雕琢，它更强调的是一种思维的魅力，更期待学生展现出独立思考问题、解决问题的能力，更渴望学生在行文中传递出一种精神和一些理念。而这也就为任务驱动型作文教学中学生批判性思维能力的培养提供了一个很好的契机。

一、在任务驱动型作文教学中培养学生批判性思维能力的重要性

（一）培养批判性思维能力是高考作文的导向

　　纵观近几年的高考作文命题，愈来愈倾向于考查学生的思维能力。以2018年高考语文作文题为例，全国一卷"写给未来2035年的那个他"，立足于中国的发展，引导考生在时间的纵深感中提取时代特点，将自我与时代、国家相关联；天津卷"器"，给考生提供了多种思维路径，唯有通过思辨，方可达到论证的高度；浙江卷"浙江精神与浙江人"，贴近学生生活，引导学生从自己的生活体验中提炼素材，感悟精神力量，体会生活哲理。可见，任务驱动型作文这一命题形式的出现，意在引导学生不盲从、不盲信，用敏感之心感悟人生、感知社会，用理性之心审视自我、反思社会。这一目标与《普通高中语文课程标准（2017年版）》在"表达与交流"这一版块中所提出的要求相符合，即

"写作时考虑不同的目的和对象，以负责的态度表达自己的看法，激发表达真情实感的热忱，培植科学理性精神""通过写作实践发展形象思维和逻辑思维、分析和综合等基本的思维能力，发展创造性思维"。事实上，这就是对批判性思维的呼唤。

在我国的教育中，高考起到了"指挥棒"的作用，而任务驱动型作文在高考试卷上的出现，就更加强调了语文教学中不应只注重学生语言能力的培养，还要注重学生思维能力的培养。这样的考查，不仅在乎结论、在乎观点，更在乎得出结论的依据和过程，在乎那个思路展开的线路，在乎思路展开的逻辑。在阐释与分析的过程中，立场得以呈现，知识得以运用，"掉书袋"的作文、"假大空"的作文或许能因此而减少。

雷友梧教授曾言："语言是思维的物质外壳，是思维的工具。"写作就是最能反映学生思维水平的阵地，也是语文教师最适宜培养学生批判性思维的园地。因此，我们希望借由高考的导向作用，以任务驱动型作文为教学园地，教育培养出一批具有独立自主创作姿态的灵魂。

（二）培养批判性思维能力是学生终身发展的需要

在任务驱动型作文教学中浸透批判性思维，其意义并非局限于教学生写好考场作文，更在于以此为契机，培养具有"独立之精神、自由之思想"的青少年。

曾任清华大学校长的顾秉林先生犀利地指出，中国高校的某些学生埋首故纸堆，缺乏对实际问题的分析能力与解决能力，其原因就在于我们的教育中没有很好地浸透批判性思维这一理念。教育的终极目标在于使教育对象能实现终生的发展，能坦然面对自己人生的曲折变化，能从容适应社会日新月异的变化。而这就对教育者提出了极高的挑战与要求。我们不仅需要传授知识，还要教会学生学习的方法，更需要培养学生的思维能力。当学生能以思维作为大脑的武装，就能敏锐地发现知识之间的相互联系，主动地探求世界的万千奥秘。

然而，提高批判性思维的培养补上一蹴而就的，我们理应把握好青少年思维成长的黄金时期，通过将批判性思维与课程相结合的方式，为他们创设良好的环境，在日常的学习生活中浸润批判性思维，将学生培育为主动的学习者、独立的思考者、真理的捍卫者。在任务驱动型作文的教学中融入对学生批判性思维的培养，这将有利于学生的长远发展，使他们在21世纪的人才竞争中立于不败之地。

（三）培养批判性思维能力是社会持续发展的保障

现如今，爆炸式的信息如洪流一般包裹着我们的生活，我们能通过网络快速获取需要的信息，寻找到解决问题的办法。这的确给我们的生活带来了极大的方便，但我们也必须看到，碎片化的信息让我们疲于信息的整理，更倾向于"读图看像"的阅读方式，从而养成了浅阅读的习惯，即看得多、想得少，分析论证能力急剧下降。

因此，批判性思维的培养，对我国当前社会的发展与建设具有重要的意义。它能使众人从盲从权威、迷信鬼神的桎梏中走出，开始以科学为武器，大胆质疑权威，探求事实真相。如果不具备批判性思维能力，我们将被良莠不齐的信息左右，不仅不能甄别信息的真伪，还会被信息所迷惑。那么，一个不具备独立精神的民族，又谈何创新、谈何发展呢？

我国正处在社会的转型期，正在从"制造大国"走向"智造大国"，而智慧的一大基础就来源于批判。如果要进一步推进我国的现代化发展，我们就需要以批判性思维为支撑，使国民能够独立思考、理性分析、科学创新。客观来说，在任务驱动型作文中浸透批判性思维的教学方式，虽然不能在一时之间就打破学生思维的桎梏，立即给他们带来创新的灵感，但是道虽远，好在我们已走在路上。我们有理由相信，一个能在作文中用灵魂去触碰灵魂、用批判去厘清争议的思考者，定能在他的成长中不断地丰满羽翼，形成更加有力的逻辑思维，达成更高远的理想。而这样的一群人，势必为我国经济、科技的强劲与持续发展提供充沛动力！

二、在任务驱动型作文教学中培养学生批判性思维能力的迫切性

（一）学生角度分析

1.学生在认知上重视"批判性思维"

在长期"唯分数论"的社会风气影响下，学生仍能够理性地对待当下的作文学习，实属不易。而学生渴望通过作文学习来达到学会分析判断、理性表达、有效论证的目的，从本质上来看，其实也就是渴望提升自我的"批判性思维能力"。因此，从相关统计数据来看，学生在认知上是十分重视"批判性思维"的。

2.学生在实际写作中呈现的"批判性思维能力"并不强

在实际写作中，学生的"解读能力"十分优秀，"分析能力"稍有欠缺，"推理能力"极其薄弱，"评价能力"略显不足，"解释能力"差强人意，"自我监控"能力有待提高。

这是非常令人忧心的现象，也是我们作为一线语文教师不得不去面

对的局面。我们本希望借任务驱动型作文的出现，教会学生理性怀疑、避免盲从，培养学生的说理意识，避免感情用事，使学生提升论证的能力，突破思维定式。

可是，如今的数据显示了期待与现实的差距。我们对学生"批判性思维"的培养更多的是停留在理论的层面，并未深入学生的日常思维中去，更没能让学生将内里无形的思维外化为有形的文字。那么，到底要通过怎样的教学，方能在任务驱动型作文教学中植入对学生"批判性思维"的有效培养呢？这一严峻的话题摆在了我们面前，亟须解决，刻不容缓！

（二）教师角度分析

第一，教师自身的理论基础并不扎实。

第二，教师在意识上重视批判性思维，但是在操作中却有些力不从心。

因此，要想在任务驱动型作文的教学中培养学生的批判性思维能力，当务之急是提高教师的理论水平，并且提出切实可行的系统实施方案，以期通过系统的作文训练来提升学生的批判性思维能力。

第三节　在任务驱动型作文教学中培养批判性思维能力的策略探究

所谓教育，是向学生传授真理，以及探寻真理的态度。我们尝试在任务驱动型作文的教学中浸透"批判性思维"，就是希望通过不断地挖掘具备现代精神的教育资源，用"独立之精神，自由之思想"来"武装"当代学生，将其培育成为兼具人道情怀与公共理性的现代公民。而这一愿望的实现与否，与我们的教学实际切实相关。

那么，我们应当如何在任务驱动型作文中培养学生的批判性思维呢？

一、强化培养批判性思维能力的教学目标

（一）识短：当前教学目标设定存在的问题

《普通高中语文课程标准（2017年版）》中对学生提出了"养成独立思考、质疑探究的习惯，发展思维的严密性、深刻性和批判性"这一要求，强调了学生思维能力的重要性。无独有偶，2016年公布的"中国学生发展核心素养"也体现了对学生思维能力的重视。所谓"核心素养"，即人文底蕴、科学精神、学会学习、健康生活、责任担当、实践创新。其中，"科学精神"亦是对学生提出了"理性思考、批判质疑、勇于探究"的要求。由此可见，为适应时代发展，我们的教学目标中理应纳入对学生思维方式的培养，尤其是对学生"批判性思维"的培养。

令人感到高兴的是，"任务驱动型作文"这一作文新题型的出现，正引导着作文教学从注重写作技巧朝着注重思维方式的方向转轨。作文命题中设置的与现实生活紧密相关的情境，"逼迫"着学生必须丢掉以往的陈腔滥调，运用自己的理性思维来批判质疑，以求得客观准确的分析，并要求学生能够清晰、有逻辑地阐述自己的所思所想。而这个写作过程就是"人文底蕴"与"科学精神"相结合的过程，就是学生"批判性思维"得以体现的过程。因此，在命题的导向下，教师应当先行动起

来，把培养学生的"批判性思维"纳入自己日常的教学目标中。

然而，当我们的作文命题出现了如此大的改革的时候，我们的写作教学目标却岿然不动。在日常语文教学中，广大教师沿用《普通高中语文课程标准（2017年版）》在"表达与交流"中提出的要求："写作教学应着重培养学生的观察能力、想象能力和表达能力，重视发展学生的思维能力，发展创造性思维。鼓励学生自由地表达、有个性地表达、有创意地表达，尽可能减少对写作的束缚，为学生提供广阔的写作空间。"这其中固然重视对学生思维能力的发展，但因无具体的指向，也没有具体的操作方式，语文教师操作起来自然十分困难。

从上述梳理中，我们可以看到，人教版在作文教学内容上较为完整地覆盖了作文的写作过程，从立意、构思到改写，都为学生提供了可学习的范例。但是，从批判性思维培养的角度来审视教学目标，其仍然存在以下三个问题。

第一，思维能力的培养只是"蜻蜓点水"，仅有"认识的深化与成篇"一章中，把思维培养作为了核心目标。

第二，思维培养的目标不够全面。从批判性思维六大核心能力的角度审视该书的教学目标中发现，其缺少对学生"解读能力""评价能力"的培养。

第三，思维培养的目标不够具化。如"理性思维的深化"中，关于"理性思维"的事实性知识十分全面，但并未明确学生的理性思维应达到何种标准，这让一线教师在操作时，难以对学生的表现进行准确评价，也难以衡量自己是否在课堂中完成了教学目标。

由此，我们必须认识到，如果我们依旧只注重作文技巧的教学，那么我们的学生将只能停留在学"术"的层面，而无法进入"道"的境界。若要使学生作文紧跟高考步伐，实现质的飞跃，我们就必须将批判性思维能力的培养纳入日常作文教学目标中，并且有系统、细致的规划。

（二）取长：美国《共同核心州立标准》的可取之处

笔者认为，美国《共同核心州立标准》（*Common Core State Standards*，简称CCSS）为我们强化任务驱动型作文中思维培养的教学目标提供了一个很好的范例。在CCSS的写作标准中，不难发现，其从四个方面来对学生的写作能力进行要求，即"文本类型和写作目的""作文的创作及发表""研究以建构和呈现知识""写作的范围"。其中，对我们的实际作文教学最具指导意义当是其针对11～12年级学生提出的写作标准，CCSS在"文本类型和写作目的"方面做了如下细致的要求。

1.确立准确、合理的观点，并能够把此观点与相似或相反的看法区别开来。

2.充分、彻底地分析自己观点及相反观点各自的优势及局限性，为自己的观点提供最中肯的论据，以避免因个人知识水平、价值观和其他可能导致的偏见。

3.通过运用词汇、短语、从句、变化的语法来有序衔接文章的主要部分，在观点、原因、论据之间，构建连接并澄清它们彼此之间的关系。

4.写作时，注意理性、客观的表达，并注意用语的规范。

5.能够根据已呈现的论据进行总结性的陈述。

事实上，这就是从理性思考、认真推理、有序行文、规范表达、总结提升五个方面对学生的议论文有所规范。而引导学生达到这些要求，实际上就完成了对学生解读、分析、推理、评估、解释等能力的提升，自然也就实现了对学生批判性思维能力的培养和发展。对于我国中学生而言，这五条标准中，除了第3条涉及中英文语法的区别，其余的也同样具有指导意义和可操作性。我们的教师在进行教学时，若想通过写作训练来提升学生的批判性思维能力，可以参考这些标准，在结合自己的教学实际之上，针对学生的解读能力、分析能力、推理能力等，提出相应的更加具体且切实可行的教学目标。

批判性思维的培养不仅重在写作过程中的教学，还在于引导学生在写作前有所积淀。广泛的阅读有助于学生打破自己的思维定式，通过阅读、研究，学生可以弥补自己的知识短板、开阔自己的视野，从而摒弃过往因无知而造成的偏见。针对于此，CCSS在11~12年级写作标准的"研究以建构和呈现知识"版块中对学生收集、整理信息做了详细的要求。例如，有效地运用先进的搜索方法，从大量的具有权威性的纸质档和电子档资源中获取相关信息，根据自身需求（任务、目的及读者的不同）评估每个资源的优劣，选择性地将所需要的信息整合进文章中。与此同时，CCSS还提示学生要能够按照参考文献的标准来引用文献，并且注意避免抄袭和过度依赖任何一个资源。又如，能从文学类或信息类文本中获取证据来支持分析、反思和研究。这一标准所体现出的作文教学理念与我们国内作文的教学理念大不相同，我们更注重学生写作这一结果的呈现，却忽略了对其学习、研究的指点，可是没有精心准备的过程，又何来令人满意的结果？笔者认为，我们或许可以更新自己的作文教学理念，把写作当作学习、思考和研究的必要途径，而其最终目的也应当是对自己学习结果的建构与呈现。因此，我们的作文教学过程中应当加入对学生收集资料、研究资料的指导，并在教学目标中有所体现，这有助于学生推理能力的提升。

除此之外，在CCSS的"作文的创作及发表"这一部分里，我们能够看到：11～12年级的学生要学会通过修改、编辑、重写等方式来改善和加强写作，并最终能够通过网络等新媒体予以发表。这不仅是对学生创作的一种激励，更是对学生"自我监控"的一种督促。这一目标的明确设置，让学生在创作完成后，懂得自我反省、自我审视，而这个过程就是学生成长的过程。

（三）补短：批判性思维培养目标的构建

为了进行更好的作文教学，我们应在《普通高中语文课程标准（2017年版）》的指导下，结合自己的实际，在作文教学中纳入像CCSS一样明确的目标设置。如此，我们才能够从混沌的思路中理出一条清晰的脉络，让教师教学有方向、学生写作有指导。

根据《普通高中语文课程标准（2017年版）》在"表达与交流"中的要求，我们可以确定，在任务驱动型作文的写作教学中我们要实现的思维培养总目标为："写作教学应着重培养学生的观察能力、想象能力和表达能力，重视发展学生的思维能力，发展创造性思维。鼓励学生自由地表达、有个性地表达、有创意地表达，尽可能减少对写作的束缚，为学生提供广阔的写作空间。"

基于总目标的分析，笔者结合批判性思维的六大核心能力，尝试设置以下六个可用来指导任务驱动型作文教学的二级目标。

目标一：培养学生解读能力。即教会学生理解作文材料，使之能够提取材料中的核心概念且合理分类，并能用自己的话进行准确表达。

目标二：培养学生分析能力。即教会学生将作文材料中的复杂问题进行分解，能够明辨主次；能够识别论证，在各方观点的优劣之间进行权衡比较，理性分析以明确自己的观点。

目标三：培养学生推理能力。一是查找证据，即运用先进的搜索方法，从海量信息中选取与写作相关的信息，并能评估资源优劣，以寻找能够得出合理结论需要的论据，从而避免因个人知识水平、价值观等导致的偏见；二是构建合理的推测和假设，即利用归纳推理、演绎推理等方式证明自己的观点。

目标四：培养学生评价能力。即能够识别论证的可信度，避免论证谬误；衡量论证的质量，权衡用何种论证方式更为妥当。

目标五：培养学生解释能力。即根据自己推理得出的结论进行总结性陈述；在落实写作的过程中，能以有说服力的论证形式进行论述；注意理性、客观的表达，并注意用语的规范。

目标六：培养学生自我监控的能力。即综合运用批判性思维，对已完成作文的论证进行反思、修正；结合语法、修辞知识，对作文的语言进行打磨、润色。

二、优化培养批判性思维能力的教学策略

人文教育是文化的教育，人文教育的产品是有文化的人。人文教育

让人变得更有自由意识、更有独立思想、更理性、更宽容、更有修养。这是一种做人的成就，它本身就是价值的实现，是一个自我完足的目的，而不是达到其他功利目的的手段。我们在语文教育中探求任务驱动型作文教学的策略，正是期待以写作为基点，培养出一批独立、自主、理性的现代公民。

在彼得·法乔恩所提出的"批判性思维能力由解读能力、分析能力、推理能力、评价能力、解释能力、自我监控能力六种能力综合而成"这一理论的指导之下，笔者将这六个能力的培养设定为教学目标，并结合自己的教学实际，将任务驱动型作文的教学划分为以下六个步骤。

第一，博学之。通过对学生阅读的指导，在拓宽其见识的同时，引导其养成客观、理性的思维方式，借此提升学生的解读能力。

第二，慎思之。培养学生的问题意识，使之学会探求题目中核心概念的定义、将复杂问题进行分解、明辨主次，进而使学生学会在各方观点的优劣之间权衡比较，理性分析，明确自己的观点，以此达成对学生分析能力的培养。

第三，明辨之。指导学生筛选具有说服力的论据，并利用演绎推理、非演绎推理等方式证明自己的观点，提升推理能力。

第四，巧断之。识别常见的思维误区，对论断、论据的可信度进行评估、辨析，训练学生的评价能力。

第五，笃行之。学会运用图尔敏论证模型，有逻辑地组织全文并规范表达，力图让学生在解释能力上更上一层楼。

第六，躬省之。引导学生学会评估自己的作文，在"自我监控"中有所反省、有所进步。

这六个步骤相互影响、相互勾连，最终合力作用于学生批判性思维的养成。

三、细化批判性思维培养的评分标准

《普通高中语文课程标准（2017年版）》在"评价建议"这一版块中提出："评价要充分发挥诊断、激励和发展的功能。"的确，评价在我们的教学中起到了十分重要的作用，它有利于我们检验教学效果，从而进一步推进教学改革。

目前，我国一线教师大多以教育部考试中心每年发布的《考试大纲》作为自己的教学依据，语文教师在作文上的评改也大多参照《高考作文等级评分标准》。这一标准将学生的作文划分为两个等级：基础等级、发展等级。其中，基础等级涵盖内容、表达两方面，"内容"的满分为20分；从题意、内容进行考核，"表达"的满分亦为20分，从文体、语言、字迹上进行评价。发展等级则以"特征"为考查对象，满分为20分，该等级主要从深刻、丰富、文采、创意四个角度进行考核。

可见，这一标准是着眼于作文的整体，从内容、表达、特征上进行评分，其评分角度具备全面性，并且较为抽象。然而，在任务驱动型作文教学中，若我们侧重于学生的批判性思维培养，那么写作的评价标准也应当重视对思维能力的评价，但《高考作文等级评分标准》中对思维能力的评价并不突出。因此，为了在教学中能进行有效的评价，我们就必须探求有针对性的评价标准。

第五章 高中语文材料类任务驱动型作文训练研究

第一节 任务驱动型材料作文概述

一、任务驱动型材料作文

（一）新材料作文

材料作文是根据所给材料和要求来写文章的一种作文形式。它的写作思路是围绕问题展开，分析材料给出的问题，并解决问题。材料作文要求学生在写作时，站在一定事实或者前人成果的基础上，针对题中材料提出问题，再运用科学的思维方法分析问题、归纳问题等，最终提出解决问题的方案。

新材料作文出现于2006年，这种新提法主要是针对2006年高考全国卷的甲卷和乙卷的作文题目。这类作文取消了限定问题、写作时不能抛开材料、行文必须引用材料的限制，相对而言，学生写作比较自由。新材料作文的分类，根据材料载体可以分为名人轶事、寓言故事、名言俗语等文字型和幽默漫画的图画型；根据材料的数量分类可以是一则材料、两则材料、三则材料；根据立意方法可以分为直接从原文选词立意、概括归纳立意、引申联想立意。同时，新材料作文的特点是：在命题时给出固定的材料，但是不给出明确的话题，一个材料可以多角度立意，这在无形中增加了考生理解材料与拟定标题的难度。

新材料作文相对旧材料作文而言，新材料作文提供的材料更为广阔，类别更多。立意上无须对材料进行整体感知与全面对照，只需立足材料的整体含义或者局部含义即可，以不脱离材料的含义为底线，便于考生多角度立意和发挥。由于必须从材料出发，所以它不像话题材料那样"过宽"，又由于它不限定文体，不设定最佳立意，所以不像旧材料作文那样"过死"，可以说是较好地融合了旧材料作文与话题作文的优点。同时，新材料作文在一定程度上规避了考生宿构和套作，也没有明显的政治倾向，在一定程度上可以检测考生的阅读理解能力、概括表达能力、单位时间内的写作能力。而且新材料作文为考生提供了一定的条件性与情境性，具有更大的真实性与检测性。但是，也正是因为新材料作文具有不确定的多角度即泛角度的特点，也为学生写作形成套文和宿构提供了空间。考生可以提前根据材料内容的不同方向准备好素材和作文框架，在考场上再根据考试作文的具体立意，将中心论点填补上去，最终快速地形成考场作文。这些问题严重影响了考生表达真实情感、自主创造的诉求，大大降低了作文试题的测试效度，在很大程度上降低了作文评价结果的真实性。

（二）任务驱动型作文

起源于英美等国的"任务驱动型作文"在日常教学和作文考试中比较常见，是一种有明确交际任务的语言教学方式。在这类试题中，命题者会为学生创造一个相对真实的场景，然后给出一个具有争议性的、对立性的问题，最后让学生通过写作或者口语表达提出解决问题的方案。因为问题情境的真实性，学生在处理假设矛盾问题时，更加偏向于真正能解决问题的方案，也就能逐步引导学生面对和解决现实生活中的种种困难。这个教学方式的使用对提升学生的口语表达有着显著的效果。皮卡（Pica）等人则根据学习者在完成任务的过程中所产生的相互影响，把任务大致分成了拼版式任务、信息差任务、解决问题式任务、决定式任务、交换意见式任务五类。在这些试题中，命题者可以根据试题内容，借用不同的驱动方式表达不同的内容和情感倾向，使学生对给出的命题能有不同角度的思考，做到真正表达自我。在国内，这种教学方式主要运用于英语教学，并对学生口语表达能力和应用文写作的提升有显著效果。

（三）任务驱动型材料作文

国家考试中心张开先生在《注重题型设计，强化教育功能》一文中首先提出"任务驱动型材料作文"这一概念。他认为"任务驱动型材料作文"就是"在材料引发考生思考、激发写作欲望的基础上，通过增加任务型指令，着力发挥试题引导写作的功能，增强写作的针对性，使考生在真实的情境中辨析关键概念，在多维度的比较中说理论证"的一种新的作文命题形式。在这篇文章中，张开老师对作文类型进行了划分。以学生写作能力为标准，现今高考作文可以分为阐释型作文和任务驱动型材料作文。以作文表现形式为标准，现今高考作文则分为标题作文、话题作文和材料作文。其中，阐释型作文的代表是标题作文和话题作文。虽然任务驱动型材料作文是近几年才出现的，但是并不是无迹可寻。实际上，它是在新材料作文的基础上发展而来的，但又有明确的不同。任务驱动型材料作文是在保有新材料作文优点的前提下增加了任务指令，明确了写作任务，命题设置更加科学合理。

任务驱动型材料作文的材料大多为时事新闻，表达两种或者两种以上的观点，材料本身就极其具有争议性，体现了时代价值观的多元化。而材料作文的材料有记叙性材料、引语性材料、图画式材料。虽然材料作文在高考作文命题中出现的时间最长，高考命题所占比重最大，但是在写作、教学、阅卷上依然存在很多问题。某些地方并没有以材料作文的标准进行阅卷，而是把话题作文的标准作为阅卷标准，阅卷标准的误差使得材料作文并未发挥出应有的导向作用。学生写作时从材料中紧"扣"一个关键词，接着不断扩充关键词或延伸这个关键词的外延，然后行文，或者在写作首段中直（间）接引述材料，忽视材料的整体意思，强行给材料套上一个话题，然后行文。这样的写作方式极不符合材料作文写作的内在要求。即学生写作时，没有将材料内涵作为核心，没有把针对材料中提出的问题进行细致分析，最后提出解决问题的方案作为推动文章行文脉络的内在要求。很多教师在教学时，常常将作文的教学重点放在语言和形式上，甚至有的教师为了学生的写作结构清晰或为了节约学生的写作时间，总结了很多写作模板；鲜有教师将材料的解读和分析作为真正的教学重点和难点。在批阅考场卷时，某些地区使用的是阐释型的话题作文的标准，这并不能发挥出材料作文的导向作用。学生的写作、教师的教学、考场评卷标准的失衡三者导致了高考评卷标准的偏颇，三者又相互推动，使得材料作文的命题水平虽然一再升级，但命题的导向功能却没有被发挥出来。

任务驱动型材料作文的提出，并不是为了限制材料作文的写作角度，而是想通过明确的任务指令，尽可能地约束材料作文立意泛角度化的问题，并通过指令的制定，介入考试阅卷标准的制定，然后影响考生的写作过程，发挥材料作文的导向作用。并且任务驱动型材料作文在一定程度上也可以避免学生的套作和宿构，提高作文评价结果的真实度。同时，通过任务驱动型材料作文的教学，引导学生回到真实的交际生活中，逐渐引导学生尊重他人理论、文明交流，潜移默化地将学生的说理态度从封闭说理或强说强辩引向公众说理与公共文明，从而提升国民的言语交际素养，促进社会和谐。

二、任务驱动型材料作文

（一）表态说理型

这类作文强调时效性、针对性、准确性、说理性和思想性。需要结合材料本身进行比较分析，并要求准确精练地概括材料，提出关键概念，在真实情景中辨析关键概念。因为材料给学生创造了一个较为真实的情境，因此学生在写作时是建立在具体情境中的，而且写作时遇见的限制和束缚也更多。在论述时，更应注意科学分类、逐条展开。

（二）经验交流型

这类作文大多明确要求结合自身的体验或感悟，阐述经验。在行文过程中依然体现了思维辩证。经验是由实践得来的知识或者技能，交流什么样的经验必须在贴合题意的前提下做出选择，交流的经验也体现了考生立意的高下，更体现了考生的人生观、价值观、世界观。

（三）意见建议型

这类作文有明确的写作目的，有特定的写作对象，有对材料涉及对象的隐形性比较，甚至有时会指定写作文体。写作时，要求学生对某种社会现象做出直接的判断和选择，支持或者反对，并提出意见和建议。行文中的"意见建议"也不能直接从材料中提取，必须梳理整个事件的起因、经过、结果，从中对比权衡后再提出合理的意见建议。

（四）权衡判断型

这类作文暗含两种或以上的矛盾观点，虽然看到的第一眼觉得各方观点都是可以的。但其实各有优势，命题者在命制题目时已经根据社会主流价值观做出了隐含暗示，需要学生进行分析辨别。这对学生的辨析能力要求很高，要求学生直面材料中的问题或者现象，展开直接分析与讨论，即对材料中两种或以上的可能立场进行原因比较、利弊分析。学生在比较分析的过程中，要显示出大气度、广胸怀、高境界，而且能够将观点由大变小，提出能切实解决问题并具有可行性的措施。

（五）权衡选择型

这类作文具有思维驱动或者思维任务，关键是抓好比较点，要求学生多维度地比较说理论证。权衡就是比较，比较就要求对比、类比，求同存异。选择是在分析材料的基础上明确命题意图，最终呈现形式要由具有某种逻辑联系的两个或以上的关键词构成。而在写作时，要体现出思考、权衡，并且在权衡比较下择一论述，不可兼得。任务驱动型材料作文的五种类型都是在已有真题或模拟题的基础上，根据材料内容和"任务指令"的指向划分的。用于出题的材料皆来自现实生活，都是已经发生的备受关注的事件或者现象；都能最大限度地体现学生的人生观、价值观和世界观；都能展现学生的辩证思维和逻辑推理能力。

任务驱动型材料作文中的表态说理型、经验交流型、意见建议型作文有一定的相似性，都要求学生在写作中表明自己的态度。但是，表态说理型要求学生依据材料内容，提出主概念，然后将主概念带入情境中，在设定情境中辨析；经验交流型要求学生结合自身经验或感悟进行论证阐述；意见建议型则要求学生对具体事件有明确的判断和选择，提出自己的意见或者建议。

任务驱动型材料作文中的权衡判断型、权衡选择型作文，材料中都含有两种或者两种以上的矛盾观点，并且每个点都有成立的依据，均要求学生作文时，做到权衡比较。但是，权衡判断型要求学生在权衡选择之后，能提出切实可行的解决实际问题的办法；权衡选择型要求学生充分权衡，进行多维度的比较后择一论述，不可兼得。

三、任务驱动型材料作文的特点

（一）指令性

任务驱动型材料作文的指令性是指命题者在写作要求中提出具体的明确的写作任务，以便引导学生按照规定的、具体明确的要求写作。即学生的写作对象只能是针对、评析材料中提供的事件。作文命题会给出具体明确的任务指令，例如，"对此你有什么看法"或"你认为什么怎么样"。任务驱动型材料作文的写作针对性更强，作文导向十分清晰。任务驱动型材料作文的指令主要包括体裁指令、写作内容指令、思维指令、写作对象指令。即对学生使用什么体裁写作、写作的主要内容、思考问题的方向和着力点及面对的写作对象都有哪些指令要求。因此，在研习任务驱动型材料作文时，必须着力于任务的指令，方才不易出现思维偏差。

（二）矛盾性

任务驱动型材料作文的矛盾性是指材料本身包含的对立性或矛盾性的问题。因为其选材大都是现实生活中刚发生的备受热议的事件或现象，为学生提供一个真实具体的情境，然后要求学生在真实情景中抓住关键点，最后针对问题提出解决方案。这就需要学生围绕作文材料中有争议、有分歧的问题，辨析关键概念，并进行多维度的讨论、研究，分析矛盾、解决矛盾，以期提出切实可行的解决问题的办法。要抓住任务驱动型材料作文矛盾性的特点，就必须辨析关键概念。厘清说理对象的定义或者概念是辨析开始前必不可少的步骤，可以说，定义辨析是逻辑阐述的起点。清晰的概念对于任何一种理性、逻辑的说理都是必不可少的。在这个意义上可以说，说理都是从定义开始的。概念辨析关乎说理的方向，关键概念的厘定即是将核心概念从众多可能意义中剥离出来，并赋予它只有在材料语境下才能成立的特定意义。这可以使本身空泛模糊的话题转为具体明确。

（三）权衡性

任务驱动型材料作文权衡性的特点是指学生在辨析材料时，要权衡比较材料中的各方立场、各个观点，不可简单粗暴地择一阐释。因为命题选择的材料涉及多个对象，包含的观点具有对立性和矛盾性，并且命题者并未在材料中表明任何情感态度倾向，这都导致了材料立意的多元性和开放性强。行文前，学生必须权衡各方立场与态度。此时的权衡不是简单粗暴地评判选择取谁舍谁，而是在横纵深比较、对比类比之后的选择。权衡后的选择，方能体现学生真切的认识和思考，再通过学生逻辑性的表达，最终展现学生思维的广度和深度。因此，"权衡"是审题的关键。

（四）辨析性

任务驱动型材料作文的辨析性是指学生对材料事件是非、因果、本质的辨析，是一种重要的思维能力。辨析性又叫"思辨性"，主要体现在行文中，要求学生具有分析事件的思辨能力。学生在对材料进行辨析时，要做到多角度、多层次辩证，要做到抽丝剥茧，既不过分扩充又能认识到事件的联系与本质，从而体现任务驱动型材料作文对学生辩证思维能力的考查。

（五）比较性

任务驱动型材料作文的材料对象往往不是单一的，而是多则，或者材料中的对象是单一的，但是选择面是多元化的。这便需要学生比较说理论证，学生进行的多维度比较论证说理将从意义、社会需求度等角度出发，并在多维度的比较中说理论证自己的观点。这就要求学生写作时不再是单向的说理论证，要求其多方比较，从多层次论证观点。任务驱动型材料作文的特点，充分显示了这种作文题型的命题原则。即命题者在真实情境的材料背景下，呈现具有矛盾的现象或者事件，让学生在指令要求下，通过权衡和辨析比较，体现学生的多元选择，以达到引导学生建立正确价值观的目的。

第二节　任务驱动型材料作文存在的问题

一、高中生任务驱动型材料作文写作存在的问题

（一）材料驱动，难以区分

有部分学生认为任务驱动型材料作文与新材料作文没有区别，简单地认为驱动型材料作文就是材料作文，在作答任务驱动型材料作文时，依然使用在材料中提取的关键词，或者不断扩充关键词的外延，再结合素材，大段地引用人物事迹，然后围绕提取的关键词展开论述，最终形成以议论文的方法作答任务驱动型材料作文的格局。

（二）旧瓶旧酒，素材堆砌

任务驱动型材料作文的论证，同样需要素材作为论据，并且素材的使用要层次清晰、逻辑分明。但是，通过对考场作文和平时习作的整理分析，笔者发现有部分学生在行文过程中存在着严重的素材使用问题。要么将某一则素材扩充详细阐述，一则素材两三百字，两则素材就占了一篇作文的半壁江山；要么众多类似素材简单堆砌，少则七八个，多则十几个。这样运用素材，只是为了凑字数，毫无层次性、逻辑性，达不到论证说理的目的，也就无法具有说服力。毫无疑问，这样的文章依然毫无价值。

（三）囿于事实，有评无论

任务驱动型材料作文题中所给的材料往往含有两种或者两种以上的立场、态度。无论从哪方立场或者态度进行演说，都有话可说。这使

得部分学生进入误区，将自己的行文限制在材料里，简单地就事论事，囿于事实，满足于说清楚眼前的事实，没有联系实际，未曾从特殊到普通、从个别到一般；或将材料中提及的立场或者态度，进行详细的扩充说明，假设论证，也并不将这些立场或者态度进行比较分析，权衡辩证，导致行文缺乏深刻性和普遍性。任务驱动型材料作文要求学生缘事析理，既要还原情境又要合理推测，认真分析材料，对材料中的立场或者态度进行全方位、多角度的理解思考，但这并不意味着学生可以将材料再展开扩充，形成作文。简单地囿于事实，是对材料的扩写，并不是缘事析理，权衡辨析。

（四）片面绝对，失之有度

任务驱动型材料作文最大的特征是运用批判性思维权衡比较，辩证分析。这不同于以往作文中出于感情好恶先表明立场，然后找理由维护自己立场的非理性、非批判性思维方式。然而，部分学生在分析比较的过程中，未经过权衡比较，简单地肯定一方，否定一方，在评论的过程中的表述欠妥不成熟，甚至有的学生演变为极端、偏激的谩骂。粗略的表态、封闭的自圆其说都是片面的、失之有度的。任务驱动型材料作文的材料中包含的立场或者态度具有多方性。学生受自身个性、家庭因素、成长经历等方面的影响，在观察社会、评人论事时，可能观点片面，在权衡比较中可能会在某一方面与材料的某一点引发情感共鸣，思想动荡不安，出现偏激想法。但这并不能作为学生行文可以片面绝对、失之有度的理由。作文具有教育功能，其育人定位是通过试题将积极的思想和正确的理念传递给学生，引导学生对有社会价值和人生价值的问题展开思考。

任务驱动型材料作文是让学生在真实的情境中辨析关键概念，在多维度的比较中说理论证，从而培养学生理性、顺畅地表达自己的观点，同时做到平等协商，有针对性、有风度地进行辩驳，而不是简单地表态、偏激地谩骂。但是，某些学生在面对某些社会事件或不公现象时，总是容易情绪激动，在行文时出现论点偏激、言语粗暴甚至不文雅的表述。

（五）泛化无度，思考浅薄

习作任务驱动型材料作文，要求权衡辩论各方观点，综合之后提出自己的论点，最后进行深入论据论证说明。但是，通过对考场作文的分析，笔者发现，大部分学生行文面面俱到，广泛议论，全文具有多个论述观点，中心论点不明确，更没有逐步深入、多角度地辩证分析问题。大多数学生思考问题呈现出程序化、表面化、单一化的现象，不能够多角度、多方面、全方位地看待思考问题，最后使得成文泛化无度，没有较为深入的论述观点；或者在泛化后，从材料中理出一个话题或者观点，脱离材料进行辨析论证，并且又出现思考浅薄的问题，中心论点不深刻，未能准确把握论点的核心概念，反而将中心论点的相关概念衍生展开、生搬硬套，拼凑成文；或者论证不深入，翻来覆去地、变换方式地重复中心论点，述说大家都明白的道理，没有做到有理有据地论证说明；或者分论点逻辑混乱，随性而写；或者论证方法不到位，观点与论据若即若离，表述没有紧扣所要论证的观点，表达不准确，不能简明扼要且准确地点在论点上。

任务驱动型材料作文对论据的要求极高，不像议论文可以长篇论述，任务驱动型材料作文要求简单直接，直指要害。还有部分学生在全文中，缺少概括全文的总结性的句子，使得文章中心论点不明确、结构不完整。

二、任务驱动型材料作文任务指令的不足

（一）对学生写作思路强行介入，具有指令性

与以往的材料作文相比，任务驱动型材料作文最大的变化是在作文要求中添加了任务指令。增加任务指令的原意是为了解决材料作文角度过多、考生易宿构和套作的问题，强化作文试题的教育功能，"实现试题的育人使命，体现立德树人的教育任务"。但是，任务驱动型材料作文的任务指令要求根据特定的情境，即将学生放置在一个真实情境中，遵照任务规定的思维路径写作，极大地影响了学生的写作思路，甚至在某种程度上是对学生写作思路的强行介入，考生只有按照指定的思维路径进行创作，才会有可能得到理想的成绩。因此，任务型指令通过发挥"考思维"的导向作用，不仅强行规定考生"写思维"，而且间接规定评价要"评思维"，进而实现"考思维"。思维路径的规定，限制了考生的发散思维，学生只能按照既定思维路径行文，不利于学生的开放性和自主性发挥。

（二）"任务"指令设计尚不成熟，有待完善

任务驱动型材料作文是在材料后面添加任务指令，这一做法稍有不当就会略显保守；如果任务指令添加不当反而还会束缚考生的多角度思考；同时，因任务指令设计不当，也可能出现指令前后矛盾的问题。如果"任务"指令的设计过于社会化，极可能远离考生的生活实际，偏向政治化。在考查学生写作能力的高考作文题的问卷调查中，很多学生选

择的题目都与"我"有密切关系，或与学生的兴趣、年龄和心理需求有密切关系。只有真正切合学生生活实际的"任务"指令，才能使学生在真实的情境中权衡判断，辨析主要概念，在多层次的比较说理中论证。

第三节　任务驱动型材料作文教与学的改进建议

一、教师教学任务驱动型材料作文的改进建议

（一）明确任务驱动型材料作文的概念

要给学生一杯水，教师就要有一桶水。而如今部分高中语文教师并未拥有任务驱动型材料作文"这桶水"，更不能较好地让学生去了解、学习并掌握任务驱动型材料作文。作为一线教育工作者，教师必须积极了解教育新动向，并做出及时有效的应对措施。任务驱动型材料作文带着强大的生命力，高中语文教师必须对其"知其然，并知其所以然"，方可在当前教育改革中占领一席之地。教师在教学工作中，除了要提升自身的教学技能，更应该关注教育新动向，积极填补自身的知识漏洞，及时发现问题解决问题。"三人行，必有我师焉"，高中语文教师要积极查阅任务驱动型材料作文的相关资料，了解任务驱动型材料作文的定义、分类、特征，掌握任务驱动型材料作文与新材料作文的异同，熟练传授任务驱动型材料作文的写作技巧，做到深入浅出，并且能够根据学生的实际学习情况制订并调整教学计划。

（二）推行共同备课开展专项课题研究

课程与教学计划的改进工作可以从任何一点入手，只要由此引起的修正改进工作扩展到有关的要素，直到课程的所有方面最终都得到研究和修正为止。共同备课，能让教师集众人智慧、采众家之长，更好地利用教学资源，实现资源共享，做到事半功倍，同时还能提升教师的工作积极性，提高教学效果。任务驱动型材料作文尚待发掘的地方还有很多，共同备课是效果最好的、效率最高的备课方式，不仅能快速地答疑解惑，还能使教师更快地共同处理不同班级不同学生的不同问题，用最快的速度积累教学经验，提高任务驱动型材料作文的教学效率。

同时，任务驱动型材料作文刚刚兴起，汲取了新材料作文与话题作文的优点，摒弃了两者的缺点，较好地避免了学生的宿构和套作，能更好地考查学生真实的综合写作能力。而且因为任务驱动型材料作文是新题型，研究成果不够多，一旦学校针对任务驱动型材料作文设立专项的课题研究，势必会取得阶段性成果，必将造福每一个在校学生。教师开展任务驱动型材料作文的专项课题研究，不仅能让自己受益匪浅，还能推动学校语文教师的教学计划更加科学合理，学生学习更加方便快捷。常言道"十年树木，百年树人"，教师要想培养出真正的高尖精人才，就必须树立长远目标，紧盯一线教育，积极采用先进教育手段，避免故步自封。

（三）构建任务材料作文写作教学体系

现今存在相当大一部分比例的语文教师，并没有自己完整的任务驱动型材料作文的写作教学体系，大多是随遇随讲，并未集中精炼精讲。这不仅不利于教师教学工作的开展，更不利于学生的学习。完善的教学体系，不仅是教师对实际教学工作方向的把控，同时也是教师对自己教学工作的不断修正与改进。属于教师自身的相对完善的教学体系，对教师的成长和学生的发展有不可估量的作用。在高中任务驱动型材料作文的教学中，语文教师可以结合本校的实际情况，根据不同年级，设计符合学生学情的多文体联合训练的教学体系。教学体系也不可能存在统一的固定不变的模式，最为重要的是实现教育的最高境界——因材施教。高中语文教师可以以学校为单位，以所有语文教师为一个整体，以各年级语文组组长为统帅，带领全年级语文教师，结合本校的教学基础、学生写作水平，制定出有针对性的、有弹性的、可评价的任务驱动型材料作文的写作教学体系，同时根据实际教学情况进行不断的调整、完善。这个教学体系，可以是以年级为建制，形成不同年级所独有的教学体系，依据不同年级教学任务的松紧制定教学计划；可以是以学生的写作层次为建制，根据同一评价标准进行学生写作水平层次划分，针对不同层次的学生提出不同的教学体系。这样可以尽可能地避免"一刀切"，做到因材施教，真正地将学生的学习需求作为制定教学计划的原动力。如此便可教学相互促进，实现教师与学生的共同成长、共同进步。

（四）改变模板教学强化作文写作能力

在日常教学中可以实行模块教学，分版块有针对性地解决疑难问题，但是绝不能教授模板写作。世界上没有两片完全相同的叶子，一个写作模板是不可能真正解决任务驱动型材料作文的写作问题。如果将任务驱动型材料作文的写作变为程序化，形成一种模板，机械模仿，生搬硬套，容易将任务驱动型材料作文的教学引入程序化的机械训练，最终导致这类作文的教学变成"填鸭式"教学，教师煞费苦心地"灌"，学生焦头烂额地"塞",教师却没有获得写作教学的好效果,学生也并未真正体会写作的乐趣,岂不是得不偿失?而且,模板教学违背了任务驱动新材料作文想要避免学生套作和宿构的初衷,甚至加剧了套作和宿构,对激发和培养学生的辩证思维、关注生活时事非常不利。当前一线语文教师在教学中要坚持以学生为主体以教师为引导的教学思路,同时认真思考如今的教学途径。当今的中国作文教学注重培养学生的写作技巧和语言文字的表达能力,但是对写作之外的能力培养不太关注,学生作文时重文字的排列组合,轻知识、经验、兴趣、爱好的迁移。因此,"写作教学应贴近学生实际,让学生易于动笔,乐于表发,应引导学生关注现实,热爱生活,积极向上,表达真实情感"。

教师在写作教学中,更应注意培养学生的观察、思考、表现、评价能力,并尽可能为学生提供自主写作的有利条件和广阔空间,尽可能减少对学生的写作束缚。

在任务驱动型材料作文的教学中,高中语文教师必须及时反思和改变教学策略,这样才能发挥出任务驱动型材料作文的教学效果,提升学生的核心素养。除了常见的提升作文教学效率的方法,语文教师在任务驱动型材料作文的教学中还可以做到以下五点。

1.转变教育理念,取缔模板教学

思想是行为的牵引力,高中语文教师在任务驱动型材料作文教学中,要积极转变教育理念,时刻学习先进的教学思想,注重学生思考能力的培养,规避模板教学,杜绝"填鸭式"教学。教师可以引导学生搭建并完善文章的结构,一篇文章的好骨架,能从较大程度上避免学生写作时信马由缰的问题。任务驱动型材料作文结构搭建必须以问题为纲,从材料说开，进行发散思维，调动知识储备，完成任务指令，回归事件本身。

虽然现今高考是主要的人才选拔途径，但是随着新课改的推进，学校教育越来越注重考生的综合素质，高考命题也越来越灵活多变，越发注重考查学生对原材料信息的筛选能力、事情发生过程的逻辑推理能力。在命制试题时，命题人也将在语文必备知识的基础上实现对学生关键能力和语文学科素养的覆盖，"促进中小学语文教学重视语文综合素养，帮助学生构建均衡而合理的能力结构和素养体系"。当前学生受多媒体的影响，思维活跃，自主性较强，传统的教学模式已经远远无法满足当前的教育需求。现在高中语文教师必须吸收先进的教育理念，使用新兴的教学方法，这样才能尽可能地吸引学生兴趣，较好地实现教学目标。同时，高中语文教师要转变教学方法，将真正提升学生素养放在首位，改变以往以提升考试成绩为目的的教学方式。

例如，某些教师在思辨类写作的教学中，极少引导学生先思辨、再定论点、后写作，大多是看材料、提关键—确中心、定论点—寻素材、完写作。行文过程中，根据论点选择与论点一致的素材来证明论点，从观念到方法都不是思辨论证，而是自圆其说、自我蒙蔽，毫无意义。我们需要的是通过打倒反例，对现成的观念进行理性批判；需要的是先思考后观点，而不是先观点后论述。这才是教师应该传授给学生的批判性思辨的思维方式。形成思辨文的前提是有全面分析，至少是正反分析。在做思辨类作文时，应当先辨析、后立论点、再论证。因此，在教学时，教师要转变已有的陈旧的教学理念，培养学生的辩论思维，引导学生从正反方面分析矛盾，再选择己方观点，然后才是进行全面的立论和

论证，最后行文。

2.口语训练思维，书面表达结合

口头表达是书面表达的基础，口语交际与书面写作的有机结合，是相得益彰、十分可行的。我国从20世纪80年代开始重视口头作文训练，口语交际的教学要求也逐步规范化，这使得口语教学目的更加清晰化。高中语文教师应在教学中注重听、说、读写的训练，将"口语交际"与写作结合，把口语交际当作写作教学的一个有机组成部分。在日常教学中，语文教师可偶尔穿插具有争辩性的材料，引导学生畅所欲言，表达其所思所想，并通过多次引导学习，使学生能多角度思考，立论正确，语言准确，论据恰当，逻辑严谨，做到表述有理有据，为任务驱动型材料作文的表达建立思维基础。

除了师生、学生与学生之间的口语与写作练习，也可以增加家长与学生之间的口语与写作练习。教师提供明确有任务驱动的材料，让家长与学生在有明确任务主体的前提下，进行一对一口语结合训练，并通过录音等方式记录学生思维的变化过程，实时掌握学生思辨能力成长的经过，并及时反馈与修正，引导学生多角度思考，提升学生的思辨力。

3.培养思辨能力，多角度思考

任务驱动型材料作文的习作，要求学生就事论事，所以教师教学时要注意学生的思维训练，特别是学生的发散思维训练。所谓发散性思维，是指多角度看问题。任务驱动型材料作文原本要求学生拥有开阔的思路，能够发现多种答案，广辟蹊径。目前，高中生也完成了由形象思维向抽象思维的转变，各项思维能力趋于成熟并协调发展，具备更强的理论性辩证思维。所以，教师在日常教学中要引导学生切换思维角度，在多读精读、多看多想的基础上拓宽学生思维的横向跨度。

思辨性的阅读与表达包括论述类文本的阅读、理解与评价，论述文的写作，以及围绕主题的讨论和辩论等。教师可以选择历史、社会、时事、学习生活中师生共同感兴趣的话题，综合运用阅读与鉴赏、表达与交流、梳理和探究等学习方式，阅读教学古今中外典型的思辨性文本，开展专题讨论与辩论，培养学生的思辨能力，促使学生多维度思考。甚至在日常课文教学中，教师也可以引导学生从不同角度解读课文，既能加深学生对课文的理解又能培养学生的思辨能力。例如，深入探究《孔雀东南飞》中"焦母"的人物形象，思考她执意要"焦仲卿"与"新妇"离婚的原因，从母亲角度与封建礼教角度寻找理由，并评析对错。又如，深究《祝福》中"四婶"不让"祥林嫂"碰酒杯和筷子的原因，引导学生在具体情境中思考人物行为，辨析对错，以此培养学生的思辨能力，学会在具体情境中多主体、多角度、多层次地理性思考。

同时，教师也可以开展主体辩论赛，让学生针对某个具体的有争议性的话题展开辩论，辩论时可培养学生的思辨与引证能力。

4.引最新时评文，多方学习借鉴

时评文，即时事评论文章，主要是一种针对现实生活中的重要问题直接发表意见、阐述观点、表明态度的新闻体裁。时评文主要是从具体的事件，联系到它产生的原因、探索其性质和意义；或通过对材料的分析，澄清事实，说明真相。这与任务驱动型材料作文在某些方面有很大的相似性。因为任务驱动型材料作文出现的时间较短，可以作为学习的优秀作文相对较少，而时评文在一定程度上可以作为学习借鉴材料；又因为时评文贴近学生生活，在信息提取相对容易的现代社会，学生面对时事热点会有话可说，所以取其长处，有利于揣摩学习任务驱动型材料作文的写作。因此，教师可以在课前抽取恰当时间，让学生进行时事评说，培养学生思辨能力；也可以提供时事热点素材，引导学生进行时事热点短评书写，将思维转化为文字，训练表达能力；也可以分类收集整理最新的时评文，并随时更新，以供学生观摩学习。这些经过整理的时评文，不仅可以帮助学生了解社会最新时事，拓宽知识面；也利于学生学习多角度思考，加大思考纵横深度，可谓百利无一害。

5.转变评价方式，倡评价多元化

语文课程评价的根本目的在于提高学生的语文核心素养。评价过程即学生学习的过程，教师要注意通过评价引导学生学会学习，自觉提升自身语文核心素养。现如今的高中作文评价主要存在以下三个问题：其一，语文教师评价是主体，学生极少参与。其二，评价大多集中在学生作文的写作技巧、主旨是否切题上，教师并没有把学生写作当成是一个持续性的过程，也就极少注意到学生写作时的情感波动。因此，教师的批改就不具有跟进性，学生对教师的批注是一个被动或消极接受的态度，极大地影响了学生写作能力的提高。其三，教师评价固定化、统一化，翻来覆去就是那几句话，极少有针对学生写作提出可实施的、具体的建议。

在任务驱动型材料作文的评改上，语文教师可以选择将教师与学生结合，进行综合交叉评价。部分作文交由学生评改，由学生发现写作问题并提出解决措施。在进行作文评改时，教师也要关注学生的情感因素，揣摩学生心理，形成情感共鸣，并尽可能地针对学生学习的个性特点和具体问题，提出有建设性的建议。同时，教师也可以建立对话机制，使用及时对话和个性对话。写作是一个动态的过程，我们却常常将作文当成是一个瞬间完成的结果，忽视了成文后的对话与反思。而教师与学生在成文后的对话正是对作文价值的判断、反馈以及改进的过程。这是促使学生提高有效写作的重要方式，也是当前高中语文教师提升学生任务驱动型材料作文的有效方式之一。

此外，教师还应该尽可能地建立形成性评价，避免对学生作文笼统评价。不同学生有不同的生活环境、思考方式、人生经历，在作文中的表现形式也不是全部相同的。因此，我们的评价方式也是不同的，是形成性的，而不是凭借几篇作文就做出最终评价。形成性评价的使用是关注学生的动态写作过程、写作习惯、写作态度、写作手法等，多样化地形成性评价，充分尊重了学生的个体差异，引导学生写作是写自己的话，表述自身真实的内心感受。

二、学生学习任务驱动型材料作文的改进建议

（一）区分材料与任务，明了类别与特征

学生不能区分任务驱动型材料作文与新材料作文，而误写成新材料作文，导致大量丢分，是极其不值的。一般而言，新材料作文与任务驱动型材料作文在命题要求设置上有很大的不同，任务驱动型材料作文的命题要求会明确提出"发表你的看法"或者"体现你的权衡与判断"；也有极少部分没有这些明显的标志，这就需要学生仔细审题，认真辨别。

（二）扩宽积累渠道，精炼素材使用

与其他命题形式的作文相比，任务驱动型材料作文在写作的时候，

使用的素材量是最小的，但越是少量的素材使用，对其切合度的要求也就越高，贵精不贵多。写作任务驱动型材料作文时，选用的素材既要短小精悍又要论据论点高度切合。若像某些材料作文一样出现论据论点分离或者大篇幅采用素材堆砌的情况，是绝对不可行的。这就要求学生不仅有大量丰富种类繁多的素材积累，还能把握这些素材的本质，能真正理解素材内涵。只有这样，学生在写作使用素材时才能使论据论点既相贴合又短小精悍。

（三）多方多途学习，培养辩证思维

辩证逻辑思维的锻炼，并不是要在特定的场景，使用特定的材料才可以进行。不同的锻炼方式有不同的便捷之处。学生在思维训练时，可以"读写结合"，通过大量的读写练习，加强思维的训练；读写贯穿练习的主脉，最终将阅读中的思维能力转化到作文的表达能力。同时，学生还可以借助网络媒体，通过关注最新出现的备受争议的新闻，将目光放在现实生活中的真实场景；通过辨析材料中不同立场的态度或者观点，查看并评析众多读者的评述，培养学生的形象思维、逻辑思维和辩证思维，再结合自身的生活实际，抒发内心的真实情感。学生也可以在日常的学习中培养推理思维，形成思维的严密性。例如，数学的推理过程，从已有条件开始层层分析，环环相扣地逻辑推理，思路清晰，重点突出，最终得出结论。这就是习作任务驱动型材料作文亟须的思维，即对材料中现象产生的原因，或可能导致的结果，或由果及因进行严谨分析的分析思维。又如，政治习题的阅读材料题，分析材料中现象出现的原因或者解决措施，从已有现象中推理可能出现的原因及合理的解决措施，即贴合生活实际，培养了学生提出问题解决问题的能力，以及透过现象看本质的能力。这也是习作任务驱动型材料作文亟须的思维，即在分析材料中提及的现象，产生的本质原因和解决措施的辩证思维。同时，学生可以积极参与辩论赛，学会针对某件事或者某个观点发表个人看法，并旁征博引、有理有据地阐述己方观点，驳论对方观点。辩论赛中展现的严密的逻辑思维、明确的中心论点、贴合的论据论点等正是习作任务驱动型材料作文所亟须的逻辑严密、观点明确、有理有据的表达技巧。此外，学生可以多关注优秀的时评文和任务驱动型材料作文，学习其中的辩证思维、严谨推理、科学论证，培养独立的理性思维。

总之，任务驱动型材料作文的写作与辩证思维密切相关，而且高质量的作文来源于独特深刻的思想，而独特深刻的思想则来源于精到的阅读、观察、思考。因此，学生在日常学习中，要关注生活、关注时事，及时转变并培养思维方式，尽可能多地借鉴优秀的时评文和范文写作，锻炼自己的辩证思维。相信经过较好思维训练的学生，在考场上也定会思维清晰、语言流畅、论证严谨，最终取得不错的成绩。

（四）开放写作思维，运用多种体裁

现如今绝大部分学生在高中阶段的写作文体都以议论文为主，特别是在遇见用阐述论证的方式更利于辩论的任务驱动型材料作文时。但是，这并不意味着习作任务驱动型材料作文就只能使用议论文体裁。相比较而言，在大部分学生采用议论文文体的前提下，少数学生采用其他体裁往往能取得出人意料的结果。而且，在任务驱动型材料作文的命题要求中，也并未规定必须写议论文。况且，能熟悉并熟用多种基础文体写作是当前教育对高中生写作能力的基本要求。

（五）学生互相评价，自检自修提升

教师的精力是有限的，但是相对而言，学生互相评价写作是一个良好的提升写作水平的方式。当一篇作文完成或者教师批阅结束后，同学之间可以互相查阅，汲取对方写作优点，同时也可以共同改正双方在写作中出现的错误，降低下次写作错误出现的概率。除此之外，在经过他人批阅之后，学生可以再次修改作文，不断修改提升，提高同一篇作文的质量，并借鉴多次修改作文的写作经验，提升新作文的写作水平；也可以通过多种途径进行练习表达，如通过微博、贴吧等方式理性发表个人看法，并吸收读者的有利建议。

三、合理设计任务驱动型材料作文的"任务"指令

考试与测评是语文课程评价的重要组成部分，试题命制应以《普通高中语文课程标准（2017年版）》为依据，真实呈现学生语文核心素养的发展过程与现有水平，准确判断学生核心素养发展中的问题与原因。任务驱动型材料作文的"任务"指令，是整个命题的精华所在，成也"任务"指令，败也"任务"指令。指令的设定，是为了让学生在复杂的真实情境、多样的角度、开放的空间中充分展示其富有个性化、创造性的学习成果，也将最大化地体现学生的思辨力，同时也是写作思路指引力。因为任务驱动型材料作文的原材料素材面较宽，并且大多是社会热点新闻，具有时效性和真实性。这种以情境任务为试题载体，让学生在个人体验、社会体验、社会生活和学科认知等特定情境中完成不同的学习任务，使学生可以根据自己的观点和生活经历而见仁见智。因此，"任务"指令的设计理应贴近学生的生活实际，"要让学生有话说，不

能迫使他们无中生有说空话，甚至说假话"。同时，可以将试题的编写与审查环节分开，能从不同角度进行理解，更能发现不足之处，提升命题质量。最后，可以回顾已有的试题，总结经验，不断改进，让任务指令的命制趋近完善。

第六章 高中语文议论类任务驱动型作文训练研究

第一节 议论类任务驱动型作文概述

一、议论类任务驱动型作文及其特征

（一）概念辨析

1.议论文

文体，是指由写作的表达功能、语言风格和结构组织等诸多方面特点形成的类型特征的集合。不同的文体有不同的表达功能，文体的区分实质上也是为了更好地进行表达。20世纪初，我国借鉴西方文章分类的思想，开始对作文文体进行分类。目前，在语文教学活动中被普遍采用的文体分类是把文章分为记叙文、说明文、议论文，以及后来加进去的应用文。但实际上，记叙文、议论文、说明文都不是真实的文体，而是由表达方式升级而成的"教学文体"。因此，明确"议论文"的内涵，有助于我们更好地展开教学。

《汉语大词典》对"议论文"的解释为："以剖析、论证事物的本质和规律，提高读者理性认识为主要特征的一种文体。"《国文百八

课》中"议论文"的定义是："把作者所主张的某种判断加以论证，使敌论者信服的文章。""议论文"在陈望道的《作文法讲义》中被分为了论辩文和诱导文，前者的目的在于使人信从作者的判断，后者则在于使读者采取行动。当代学者也对"议论文"的定义做了进一步的研究，如孙元魁、孟庆忠认为："议论文是以议论为主要表达方式，直接说理使读者信服的一种文体。"①方武则在总结前人研究成果的基础上，对"议论文"下定义："议论文是以议论为主要表达方式，或提出观点、发表见解，或阐明道理的实用文体。"②

此外，国外的学者詹姆斯·雷金（James A.Reinking）和安德鲁·W.哈特（Andrew W.Hart）给出的定义为："议论文是以逻辑为基石、以证据为结构、以说服读者接受观点或采取行动（或者两者兼而有之）为写作意图的文章。"③

本书中的"议论文"是指在语文教学中，以实现学生表达需要、培养学生写作能力、提高学生写作素养、强化思维训练为目的，在写作过程中，主要运用议论这种表达方式，通过解剖分析、澄清事实、提供证据、阐释观念等具体手段理清逻辑关系，以完成对读者的情感诉诸和理性诉诸的一种文体。它是一个概括性比较强的表述，根据实际教学需要，有不同的展现形式，如社会专用类，包括社论、演讲等；社会评议类，包括文艺评论、思想评论、国际时事评论、短论等；书刊评议类，包括读后感、序言、自序、题跋等；生活评议类，包括杂感、杂谈、小言论等；专业论文。

---

① 孙元魁，孟庆忠.议论文研究与鉴赏[M].济南：山东教育出版社，1992.

② 方武.议论文体新讲[M].合肥：安徽大学出版社，2003.

③ 叶黎明.写作教学内容新论[M].上海：上海教育出版社，2012.

2.任务驱动型作文

目前，"任务驱动型作文"最为正式的说法来源于教育部考试中心主任张开先生于2015年发表的文章《注重题型设计、强化教育功能》，他在文中提出，"任务驱动型作文"就是"在材料型作文中增加任务驱动型指令"，"使考生在真实的情境中辨析关键概念，在多维度的比较中说理论证"。

从张开先生的话语中我们可以提取到以下四方面信息：其一，"任务驱动型作文"本质上还是材料作文；其二，"任务驱动型作文"有任务指令，与过去的"阐释型作文"相比，任务指令的加入使得书面对话（即写作）的提问方的提问性质明确化；其三，"任务驱动型作文"的任务指令有可能是"硬性驱动"，也有可能是"软性驱动"，重点在于融入材料所给的情境中去寻找；其四，"任务驱动型作文"的写作，必须要辨清楚关键概念，也就是要在文中对关键概念做出属于自己的、基于自我立场的相应阐述并围绕其展开说理论证。"任务驱动型作文"的说理论证必须是多维度的，其中的"多维度"，一方面意味着学生的写作必须是通过多角度观察后从不同的层面、不同的视角展开；另一方面也意味着学生所阐述的理由不能处于同一平面。

根据张开先生的话语，我们可能会很容易将"任务驱动型"作文狭隘地理解为议论文写作的一种模式。但是，在笔者看来，"任务驱动型作文"可以适用于学校教育中任何文体的写作训练。在实际生活中，任何类型的写作都基于一个真实而具体的表达需要，在特定的语境（如写作任务、写作目的、读者）下自然而然完成。而在学校教育中，因为教学的限制，无法使学生的每一次写作完全遵循写作的自然程序。为了使学校作文训练能够更好地符合写作的自然程序，同时使学生能够有良好的整体发展和能力成长，各类作文类型在教学中被发现或创造，"任务驱动型作文"便是其中一类。

综合"任务教学法"的定义及张开先生的解释，笔者认为，"任务驱动型作文"是指教师在作文教学中根据特定的教学目的以及学生写作能力阶段性成长的需要，设计相应的语言活动，并通过任务的设置（如创设写作情境、明确写作对象、说明写作步骤、点拨写作技法等），将有关写作的陈述性知识与程序性知识恰当地融入其中，引导学生结合自身已有知识、吸收新的有关知识，通过使用不同的体裁和笔法表现其多维的内容，完成自我表达需要，同时实现写作教学的有效性的一种作文类型。

我们需要看到，"任务驱动型作文"值得我们关注的并不是其相较于其他写作模式在形式方面的变化，而是意义的创造，即任务的加入可以使整个写作语境更加明确，使写作行为既有方向，又有出发点和落脚点；同时，任务的多样，在一定程度上可以促进学生运用多方面的学习知识以实现表达所需，积极促进学生的整体发展和能力成长。

同时，我们也必须清楚地认识到，"任务驱动型作文"只是众多作文类型中的一种，它是对材料作文的完善和发展，因为它继承了材料作文的相关优点（如材料与生活的关系、材料隐含的核心价值观、与话题作文相比材料的开放性等），同时也在一定程度上避免了材料作文写作中容易出现的套作、言不由衷等现象，但它并不能解决写作教学中的所有问题，也并不是完全优秀的作文训练类型，它仍需不断发展、不断改进。

3.议论类任务驱动型作文

综合上述定义，本书中出现的"议论类任务驱动型作文"主要是指教师在语文教学中，根据特定的议论文教学目的及学生议论文写作能力阶段性成长的需要，设置适宜的写作任务，引导学生在写作过程中主要运用议论这种表达方式，学会写不同类型的、有内容又有视野的议论文，同时真正实现"在真实的情境中辨析关键概念，在多维度的比较中说理论证"的考核目标，真正提高学生解决实际问题的能力，展现其写作的主体性，教导其面向真实的读者完成公共说理，实现其"人的发展"的一类作文。

4.作文训练

《汉语大词典》中对"训练"一词的解释为："训练，教育学名词，与教学意义相近。训练的目的，是使受训者获得一项行为方式或技能。"基于这个解释，笔者认为，作文训练是指在日常作文教学中，教师通过设计相应的练习"支架"，指导学生在适宜的言语实践中思考、理解、消化、吸收、运用所学的写作知识，完成由"知识"到"能力"的有机连接，使学生到写作知识，提高写作能力；贯通语文知识，完善语文能力；连接各科知识，最终实现"人"的发展。同时，我们还必须认识到，作文训练不同于考场检测，它更多的是序列化的教学，最终指向的是学生写作能力的成长而非单纯的考试分数。

（二）议论类任务驱动型作文及其特征

1.语境的预设性

预设是话语适宜所需的背景知识。议论类任务驱动型作文虽然是材料作文的新发展，但它的主体依然是材料，其写作的起点也必须是已提供的相关材料。而新增的任务设置则有效地限制了语境，为交际双方（写作者和读者）提供了理解评议的客观环境、背景知识等共享信息，将原本认知环境不同的交际双方统一到预设的语境中，以期在这一前提条件下实现更有效的交流对话。

同时，语境的预设也要求写作者要"缘事说理"，从材料和任务预设的语境出发，在表明观点、挖掘事理的时候必须使自己和语境材料、自己和拓展材料之间产生相关勾连，使得整个言说更具指向性、针对性，与传统的材料作文和话题作文相比，议论文有效地避免了写作者随意套作、空发议论、坐而论道等现象。

另外，由于语境的预设性，高中生在写作时，需要在这一特定语境中，迅速而又准确地对语境做出准确判断、对概念做出合理辨析、对观点进行清晰阐述、对材料进行科学组织，这对培养学生的独立精神、自由思辨、理性批判、运用理智的思维能力有着不可忽视的作用。

2.对话的真实性

在人际交往领域，"真实性"一词的含义是指人们出于本真之心彼此交流。议论类任务驱动型作文的核心要义之一便是鼓励学生真实地表达自我，即强调写作者在通过写作完成与读者交流的过程中，真实地表达，包括观点表述的真实、选用材料的真实（这里的真实不仅仅指材料可信度，还指写作者选用过程的真实）、提出策略的真实、情感表达的真实。在这里，读者虽然不一定每次都出现，但写作者必须保证其在写作中分享的内容是真实的、敞亮的、清晰的、恰当的，而非虚假、掩饰或似是而非的。

此外，议论类任务驱动型作文并不要求交流的双方一定要达成一致，而是强调对话的双方能在整个过程中充分交换意见，在揣测、理解他人的意图和发现、表达自己的意图之间往返循环，使自己的思考始终保持开放，使新的理解、新的阐释不断生成，在不同的维度上理解同一事物的相关概念，让其在对话交流中交叉验证，以此锻炼写作者的"多元思维模型"，使写作者和读者能够在交流中不断接近世界本来的真相。同时，它还要求写作者在收集材料的过程中，辩证地看待与自己观点不同的相关材料，合理吸收利用。只有掌握了更多的概念，并将其放到不同的概念系统里进行验证和理解，写作者才能走出"自圆其说式的封闭说理"的误区，对话的双方才能真正实现互相分享、互相学习的目的，达到文明理性、真实交流的公共说理高度。

3.形式的灵活性

由于教学需要和学生能力成长需要呈现多样性，议论类任务驱动型作文的形式也会随之产生不同的变化，如任务的类型可以是纯书面任务，也可以是书面与口头相结合的任务；完成任务的主体可以是个人，也可以是团队；完成任务的时间可以是课内，也可以是课外；完成任务的地点可以在家、在学校，也可以在校外任何安全的地方……只要在整个过程中，学生能充分发挥主观能动性，有所得、有所悟，达到能力成长的最终目标，那么其形式便可灵活多样。

二、议论类任务驱动型作文产生的背景

（一）国家语言能力建设的需要

1.国家语言能力建设与学校语文教育中的语言教育

语言是工具，也是文化；是民族的象征，也是国家软实力的体现。

当今世界，各国都在争先恐后地进行语言能力建设，他们纷纷以新的眼光审视语言，以新的高度规划语言，通过语言国家战略等举措，着力壮大国家语言实力。随着中国经济的不断发展及其国际影响力的不断增强，中国在语言管理和语言规划等方面也有了相应的国家战略。2014年6月，刘延东同志在世界语言大会上代表中国政府提出了"语言能力建设"这一新命题，同时还提出了"构建优质语言教育体系，创新语言教育理念和方法"的教改新任务。

但是，以语言为核心的语言教育是一项复杂的教育过程。首先，语言是人们表达思想、拓宽视野、获取知识、参与社会及与他人交流互动的主要手段，因此语言教育是一切教育的基础；其次，语言文字知识的学习是由家庭教育、学校语文教育、成人继续教育等多个教育环节构成的一条终身教育的链条，是全体国民终身学习网的重要组成部分；最后，国民语言教育既是一种素质教育，也是一种技能教育，其目的是提高国民个体的语言文字应用能力和文化素质。

基于上述言论，我们可以看到，学校语文教育中的语言教育在整个语言教育链条中起着承上启下的作用，它既要帮助国民巩固已有的语言文字知识，认知、理解和接受已有的知识体系；又要融入适宜的教学内容，使得国民个体的语言文字应用能力和文化素养有所提高；还要为其今后的继续教育、终身学习打下坚实的基础，让人们在表达自我、提升素质、参与社会、交流互动中能有合格的乃至创造性的表现。

2.学校语文教育中的语言教育与议论类任务驱动型作文

当前学校语文教育中的语言教育主要由"听说读写"四大版块构成，各版块之间既有不同，也有复杂的内在联系。作为四大版块之一的

"写"，既是一个自我表达的过程，也是一场潜在的倾听者与表达者之间的言语互动。因此，近年来作文教学的改革越发关注的便是学生的自我表达以及写作过程中倾听者与表达者的交流互动。

议论类任务驱动型作文作为任务驱动型作文的一部分，它既拥有任务驱动型作文本身已有的适宜的语言活动、合理的任务设置（如创设写作情境、明确写作对象、说明写作步骤、点拨写作技法等）、妥帖融入的写作陈述性知识与程序性知识等要素，又有着议论类文章中提出观点、发表见解、辨析概念、阐明道理、多维论证等硬性要求。因此，它本身就更为强调独立表达和积极语用，强调写作者"在真实的情境中辨析关键概念，在多维度的比较中说理论证"，同时明确语境、写作对象及写作目的，实现学生有逻辑、有情感的自我表达及整个写作过程中倾听者与表达者的有效交流互动。

（二）高中作文教学的课标要求

1.21世纪高中作文教学的课标梳理

语文课程标准对语文教育规范化起指导的作用，因此了解、吸收、消化课程目标的具体要求，有助于我们在具体教学中制订出科学合理的、贴合学生发展的、有层级教学目标，使教学的展开更加科学合理。作为占据了语文教学半壁江山的写作教学，了解、吸收、消化高中语文课程目标中的作文教学目标，能对高中作文日常教学和训练的有效开展起一定的保障作用。

2.议论类任务驱动型作文的课标体现

从课标可以看出，当前我国的语文作文教学并不以培养作家为主要任务，而是以培养学生表达素养为目标。因为我们培养的学生，今后无论在哪个领域都有发表自己看法、表明自己观点立场的需要。而这也是驱动作文教学以课标为依据不断变革的原因之一。

（三）高考作文考查目标的导向

高考既是为国家、为高校选拔人才的一场教育考核、资格测试，同时还具有引领基础教育方向，促进基础教育变革的作用。因此，国家层面高考命题的改革实质上也是引导、调节和促进基础教育进行改革。在这一点上，60分的高考语文作文命题（总分150分）对于作文教学实践的指导作用就更为明显了。因此，关注高考语文作文的改革，正确理解其价值取向、明确考查目标，并将其有序落实到日常教学过程中，将大大提高作文教学的有效性，实现高中生写作能力的稳步提升，同时在一定程度上促进了高中生的语文素养全面发展。

三、议论类任务驱动型作文的借鉴与吸纳

（一）中国古代优秀写作经验的借鉴

1.立言为声，主观表达

在中国古人的心中，书面语言文字不仅具有历史记载的功能，具有"惊天地、泣鬼神"的艺术感染力，还具有实现生命永恒的理想的价值。从《左传·襄公二十四年》中所提到的"三不朽"——"太上有立德，其次有立功，其次有立言，虽久不废，此之谓不朽"开始，一些中国古代圣贤便将个体生命的存在功能赋予了文章，通过"立言"实现自己的人生价值和人格不朽。

所谓立言，是指"言得其要，理足可传，其身既没，其言存立于世，乃是立言也"。从这里我们可以看出，古代圣贤们所立之言虽不

全以自己书写的文章存立于世，但确实包括文章。据此，曹丕在《典论·论文》中进一步宣称"盖文章，经国之大业，不朽之盛事"，把文章的价值抬高到了极致，达到了事功并立的地位，同时也在暗中要求人们写文章要用心。陆机在《文赋》中总结道："伊兹文之为用，固众理之所因。恢万里而无阂，通亿载而为津。俯贻则于来叶，仰观象乎古人。济文武于将坠，宣风声于不泯。涂无远而不弥，理无微而弗纶。配沾润于云雨，象变化乎鬼神。被金石而德广，流管弦而日新。"他大力夸赞文章传扬道理、促进沟通、挽救文武之道、弘扬教化之能、滋润万物之灵的功效，因此方能"立言不朽"、万世流传。刘勰在《文心雕龙·序志》中直接阐述了立言的重要性："夫宇宙绵邈，黎献纷杂：拔萃出类，智术而已。岁月飘忽，性灵不居，腾声飞实，制作而已。夫人肖貌天地，禀性五才，拟耳目于日月，方声气乎风雷，其超出万物，亦已灵矣。形同草木之脆，名逾金石之坚，是以君子处世，树德建言，岂好辩哉？不得已也！"[1]刘勰在此认为，人的智慧和灵性在绵延宇宙中是超出万物，但人的形体却如草木一般脆弱，因此若人想要出类拔萃，到达君子境界，实现生命的不朽，只有依靠"树德""建言"，即立德、立言。这不是好辩，而是不得已的做法，也是必需的做法。

　　言为心声，文贵情真。想要"立言不朽"，最基本的条件便是要有自己主观感受，只有率先产生了属于自己的主观感受，有了情感表达的需求，所写的文章才会有生命和灵魂，有感人的内在力量，才会为人们所接受并流传，实现"不朽"。将个体生命的存在功能赋予了文章的中国古代圣贤们也意识到了这一点，也纷纷对此发表言说。如孔颖达在

---

[1]　刘勰. 文心雕龙[M]. 北京：人民文学出版社，1981.

《毛诗序正义》中写道："在己为情，情动为志，情、志一也。"刘勰在《文心雕龙》中提出了"夫心生而言立，言立而文明""情者文之经，辞者理之纬"的说辞。王夫之也在《姜斋诗话》表示："无论诗歌与长行文字，俱以意为主，意犹帅也，无帅之兵，谓之乌合。"这些论述都在强调立言中主观表达的重要性，强调"情动于中而形于言""文由胸中而出，心以文为表"。而这些，无一不是我们现在的借鉴。

2.经世致用，文人担当

一直以来，"经世致用"作为中国文化的价值核心和一种传统，在整个中国社会的发展史上表现出巨大的生命力，主导着中国文化、文学的发展。

就如北宋大儒张载的四句名言——"为天地立心，为生民立命，为往圣继绝学，为万世开太平"，在社会的发展中，中国古代知识分子们借助观念和话语，或诊断问题，或批评现状，或提供建议，使社会不断走向完善和合理。这是表明中国古代知识分子的至高追求，也是读书做人的终极意义，更是烙入中国文人灵魂深处的责任意识。

"经世致用"的文化担当是理智的，也是实践的，还是发展的，它在每一个时代、每一位文人及其作品中都留下了独特的印记。屈原将士大夫的担当精神化作中国文学的爱国主义的抒情主题，在"信而见疑，忠而被谤"的坎坷境遇里，仍然自觉地将家国责任放在心中，抒发了"乘骐骥以驰骋兮，来吾导夫先路"的壮烈襟怀。杜甫在自己的两组杰出诗作"三吏""三别"中，"一方面大力揭露兵役制的黑暗，大骂'天地终无情'，同情人民的痛苦，为民请命；另一方面却不得不含泪安慰、忍痛劝勉那些未成年的'中男'走上前线。客观情况使杜甫不得不站在更高的视角——整个国家和民族长远利益的立场上来考虑问题，在毫不留情地揭露统治阶级的凶残、苛暴的同时，以无限的同情和感慨，以惟妙惟肖的笔触来反映并歌颂广大人民身心所承载的巨大灾难、忍痛负重的高度爱国精神，写出了人民无比深沉的思想感情"①。白居易以诗歌为武器，通过《卖炭翁》《红线毯》等如实录一般的诗歌，一针见血地揭露现实的黑暗，真正达到了他自己所要求的"篇篇无空文，字字必尽规"，这是他作为一名谏臣的自白与担当，也是他作为一位文人的担当。除笔者所列，古代文人"经世致用"的思想和强烈的文人担当在各朝各代都有体现，他们将其刻到灵魂深处，浸入纸木三分，无一不是我们的养分，教会我们既关注自我又关注社会，既有主观表达又包含家国情怀。

（二）国外写作训练方法的吸纳

1996年，21世纪教育委员会向联合国教科文组织提交了一份名为《教育——财富蕴藏其中》的报告，报告中明确指出："教育应该使每个人尤其借助于青年所受的教育，能够形成一种独立自主的、富有批判精神的思想意识，以及培养自己的判断能力，以便由他自己确定在人生的各种不同情况下他认为应该做的事情。"由此可见，整个国际社会在21世纪里更加重视对学生思维能力、独立人格的培养。这样的培养也融进了世界各国国家的写作教学中。因此，关注、了解国际写作教学的导向，并通过筛选吸收借鉴，将有利于我国写作教学的发展。

---

① 于华东.忧国忧民千秋泪，如诉如泣万代笔——析杜甫"三吏"、"三别"的意旨与魅力[J].武汉大学学报（人文科学版）2007，60（5）：658-663.

第二节　议论类任务驱动型作文训练存在的问题

一、任务设计的理论依据及其存在的问题

（一）任务设计的理论依据

1.加涅的学习层次理论和教学设计理论

美国著名教育心理学家加涅在吸收了信息加工心理学和建构主义认知学习心理学相关思想的基础上，提出了基于信息加工和语言发展的积累学习层次理论。该理论认为"人类的学习是复杂多样、有层次性的，总是由简单的低级学习向复杂的高级学习发展，构成一个依次递进的层次与水平，而简单的低级学习是复杂高级学习的基础"①。加涅认为，学习层级的排序是从顶部较复杂的智慧技能到底端较简单技能的。一名学习者要掌握所要求的特定任务或要习得某一特定的能力、知识等，必须掌握这一任务的前提条件任务或要掌握先前的特定信息、特定概念等。

2.杜威实用主义教育思想

美国著名实用主义教育家杜威认为，现代教育的核心是"从做中学"。他强调指出，学与做的教育是一种主动的教育，是一种由教育者应该为儿童提供一个能够"从做中学"的环境，并指导儿童去选择要做

---

① 徐晓雄.论罗伯特·加涅学术思想启示[J].宁波大学学报：教育科学版，2009（1）：15-18.

的事情和要从事的活动的教育。儿童能够在一定的情境中，通过活动与相关经验完成学习，将知识的获得与真实的生活联系起来。在这种思想的指导下，我们可以明确，情境设置的合理与否和活动选择的多样与否对学生学习完成度的高低有着直接的影响。因此，要在教育教学实践中真正落实"做中学"理论，教师需要重点关注的不是传授知识的内容，而是思考每个学生最喜欢做的或适合做的事情是什么，如何创设情境及选择怎样的活动能尽可能多地帮助学生找到做这些事情的机会，并通过完成相关事项实现学习的有效性。

（二）任务设计存在的问题

1.没有设计有层级的任务

对于作文训练来说，它更多是序列化的教学，最终指向的是学生写作能力的成长，而整个成长是需要过程的，因此在达到最高层级的目标之前，学生需要有各个层级的能力作为基础。也就是说，议论类任务驱动型作文的训练，可以将在最高层级的目标要求分解，设置成多个有层级的、有联系的小目标，多次训练，每次达到一个小目标，实现训练的真谛。这就意味着，教师在训练过程中，既要关注顶层任务的设置，还要根据训练目标，有意识地将顶层任务分解为多个子任务或分任务，通过不同层级的任务设置，逐渐实现顶层任务的内在要求。

2.没有设计有足够诱导力的任务

通过杜威"做中学"的教育思想，我们可以得出，少年儿童接受教育的心理机制，往往建立在娱乐与趣味的基础上。在高中语文任务驱动型作文训练中，如果将每一个任务都当成是对学生写作情绪的诱导手段，一旦学生的写作欲望诱导成功，对学生写作的学习将会产生巨大的推进作用。也就是说，每一次高中语文任务驱动型作文训练的任务设计，设计有趣的、可操作空间大的、多变化的任务是一种良好方法，因为如果所设计的训练任务有趣，就对学生有吸引力；可操作空间大，对学生而言就具挑战性；多变化，学生就容易产生好奇心。

二、写作过程指导的理论依据及其存在的问题

（一）写作过程指导的理论依据

过程写作法是近20年来，西方语言学界、教育界以交际语言教学理论、认知主义理论、合作教学理论等理论为基础，通过对写作教学开展的大量研究，提出的一种较新的、影响较大的写作教学方法。

过程写作法是由美国西北大学教授华莱士·道格拉斯（Wallace Douglas）首先明确提出的，他指出，写作课应该教授的是构成写作过程的一步步操作方法；教师应该帮助学生理解和写作的全部过程；强调写作过程而不是写作结果，注重在写作过程中学习写作方法，培养学生的认知能力与写作策略的运用能力。

过程写作法与传统的成果写作法相比，具有明显的不同。首先，过程写作法认为，写作过程是一个复杂的、有目标的、循环往复的活动，因此写作教学的重心应该是写作的过程，即整个写作表达与创造的过程；其次，过程写作法强调，应该关注写作主体（写作者）的心理认知的过程和特征，即关注学生收集、整理、组织、内化材料、完成写作的过程，关注学生的思维发展与主体能动性；再次，过程写作法要求教师在教学中应作为一名协助者，应该为学生提供充足的空间和时间，并要求学生作为一个完整的个体，全程参与写作过程，从最初的构思、交

流，到材料的剪裁安排，组织成初稿，再到后期的同伴互评、修改、定稿等；最后，过程写作法认为写作是一种社会交际活动，明确写作目的、写作意图与读者十分重要。

（二）写作过程指导存在的问题

1.审题立意的指导偏向传统

过程写作法认为写作是一种社会交际活动，明确写作目的、写作意图与读者十分重要。而任务驱动型作文的设计初衷便是想通过设计"任务"，让学生一看就明白语境限制，了解自己在这个语境中该写什么，可以面向哪些人展开写作，可以从哪些角度展开写作。同时，从任务驱动型作文的说理范围上看，往往会要求学生"综合材料内容及含义""体现你的权衡与思考"，这就代表学生可以从材料提供的有限的角度中选择一个自己感兴趣的、能把握得住的角度进行论证，不需要做到面面俱到。这样的设计很好地解决了传统材料作文中审题立意的角度宽泛且不确定因素多的不足，相对来说降低了学生进行套作和宿构的可能性。同时，任务的设置，尤其是在日常训练这一限制条件下，还意味着不需要过多地强调"立意深远"，而只是强调学生要选择自己有把握、有话可说的角度进行言说，这也有效地避免了写作中过度拔高文章主题的现象。

2.行文构思的指导较为笼统

议论类任务驱动型作文与传统的议论类作文相比，更加讲求"缘事说理""多维论证"，更加强调学生在写作时能发现生活，思考世界，以公民的意识看待社会，真正将自我代入，用自己的知识和智慧解决真实的问题，真正在书写中成长为一名对自己、对社会、对世界负责的公民。因此，在议论类任务驱动型作文训练中，教师对学生进行"行文构思"指导的重点应该包括教会学生如何搜集自己需要的信息，如何运用归纳、演绎、类比、对比、因果、比喻、归谬等基本思维范式组织材料，如何把相关材料和自己联系在一起而非只是完成材料的堆砌，如何运用多学科知识解决真实的问题，这样的指导才是有意义的、具体的、符合训练的要求及学生成长需要的有效指导。

3.文章修改的指导基本缺失

过程写作法强调教师应该帮助学生理解和写作的全部过程，要协助学生完成作文后期的同伴互评、修改、定稿等。也就是说，议论类任务驱动型作文训练也要关注到学生文章修改这一过程，只有让学生在训练中经历过"修改—定稿"这一过程，他们才会对写作目的、写作意图及读者有进一步的感触，也更能理解如何书写才能让自己的文字真正与语境相契合，实现积极的语用，同时让自己的写作能力获得完整的锻炼和成长。

第三节　高中语文议论类任务驱动型作文训练策略

一、任务设计的策略

（一）遵循作文训练中任务设计的原则

议论类任务驱动型作文训练中，学生要完成的任务实质是一种"相对开放性任务"。一般来说，此类任务只向学生提供了相关的情境和部分语言信息，其所指向的问题缘由和结果并不明确，在整个训练任务完成的过程中，学生的主观能动性是可以得到极大发挥的。学生可以根据表达的需要，从任务提供的情境和信息出发，通过不同的途径、运用不同的方法，寻找整合不同领域的相关信息，以完成最后的信息输出。这既是一个认知的过程，也是一个思维发展的过程。因此，议论类任务驱动型作文中的任务实质上隐含着要求学生对所给信息进行评估、选择，对相关信息进行整合、加工，对最终的信息展现体（即训练成品，可以是完整的文章，也可以是要求的文段）进行润饰与补充。

（二）掌握作文训练中任务设计的操作要领

1.设计有层级的任务

作文训练作为序列化的教学，最终指向的是学生写作能力的成长。而整个成长是需要过程的，因此在达到最高层级的目标之前，学生需要有各个层级的能力作为基础。在议论类任务驱动型作文训练的过程中，我们可以把相关任务分解，一方面降低学生的畏难情绪，另一方面帮助促进学生能力的层级发展。

2.设计有诱导力的任务

许多心理学家的研究表明，学习动机是由期待因素、价值因素和情感因素等三种心理成分构成的。当学生在学习过程中产生想要完成学习任务的期待，并能合理思考完成了这一学习任务能够给自己带来什么变化，还能在学习的过程中及学习结束后产生一种情感的满足，那么，我们可以认为此次学习中，学生的学习动机是积极的。在议论类任务驱动型作文的训练中，我们也要关注学生的写作动机，通过设计有趣的、多样的、可操作性强的任务，让学生能在娱乐与趣味的基础上完成相关的训练，并获得能力的成长。

二、写作指导的策略

（一）明确审题立意的方向

张志公先生曾在自己的文章中说过："如果说，我们现在讲的'审题'，意思正是要学生先明确写这篇文章的对象和目的，那我赞成。如果'审题'的意思是要学生把题目看清楚了再写，不要粗心大意，驴唇不对马嘴地瞎说，我也赞成。"①因此，在议论类任务驱动型作文训练中展开审题立意的指导时，教师一定要做到指导学生"明确读者""明确写作目的与角色"。

（二）规范行文构思的流程

过程写作法强调应关注写作主体（写作者）的心理认知的过程和特征，关注学生收集、整理、组织、内化材料写作的过程，关注学生的思维发展与主体能动性。而议论类任务驱动型作文训练过程是一个高水平思维参与写作的过程，也是学生认知事物、处理事务的过程。这一过程充满学生思维和认知的努力，在整个过程中，学生如何运用知识远远大于对现成生活和知识"原料"的回忆、组合。因此，在训练中，教师加强"行文构思"的指导，对锻炼学生的认知、提高学生的思维起着重要作用。

（三）掌握文章修改的要领

过程写作法强调教师应该帮助学生理解和写作的全部过程，因为这个过程是无序、混乱，需要经过一番思维的搏斗才能形成最终的文字作

---

① 张志公. 谈作文教学的几个问题[J]. 光明日报，1963.

品的，是作品形成、发展、丰富和澄清作者思想观点的过程。因此，在议论类任务驱动类作文训练的过程指导中，教师不能忽略对学生文章修改的指导，因为这既是整个写作过程中不可忽略的一部分，又是写作者对语境、读者、写作目的与角色定位的又一次清醒认识和审视，还是写作者对文章体式、遣词造句等相关语文知识熟练把握的展现，更是写作者运用思辨能力对文章内容和形式展开重新认识、发现和创造的过程。

结束语

在新的教育理念下，高中语文教师应该认真构建教学课堂，探究高中语文任务驱动型作文课堂教学模式，培养学生的主观能动性，激发学生的写作兴趣，提升课堂的教学效率。笔者从多个角度、多个方面对高中语文任务驱动型作文课堂进行理论探讨、实践探究及成果总结，通过任务驱动型作文写作的创新指导技法探究、基于任务群的高中作文系统化教学研究、任务驱动型作文审题立意的教法研究、任务驱动型作文教学与批判性思维能力的培养、高中语文材料类任务驱动型作文训练研究及高中语文议论类任务驱动型作文训练研究等六个方面积累教学经验，真正实现寓教于乐的高中语文任务驱动型作文课堂。

笔者期待本书能够引起广大高中语文教师的关注，并将书中阐述的高中语文任务驱动型作文课堂教学模式应用到实际教学中去，切实提升学生的写作能力，用时间和实践来证明其科学性和合理性，当然更期待热心的读者发现不足之处，对本书的观点提出批评和指正。

参考文献

[1]郑千里.高中语文任务驱动型作文课堂教学模式探究[J].学周刊,2020（02）：106.

[2]王章海.朱绍禹作文教学思想探析[D].石家庄：河北师范大学,2019.

[3]张瑶.支架式教学在高中语文任务驱动型作文教学中的应用研究[D].石家庄：河北师范大学,2019.

[4]吴林春.高考作文命题特点及其对作文教学影响研究[D].固原：宁夏师范学院,2019.

[5]张铱梵.基于跨学科理念的中学作文教学研究[D].桂林：广西师范大学,2019.

[6]孙芳.中学任务驱动型作文教学探索[D].长沙：湖南师范大学,2018.

[7]李东玲.任务驱动型材料作文的教学策略研究[D].广州：广州大学,2018.

[8]陈蓉.高中语文议论类任务驱动型作文训练研究[D].昆明：云南师范大学,2018.

[9]刘利丽.任务驱动型材料作文教学研究[D].南充：西华师范大学，2018.

[10]彭舒漫.任务驱动型作文教学与批判性思维能力的培养[D].上海：华东师范大学，2018.

[11]刘丽娟.任务驱动型作文写作的创新指导技法探究[D].南充：西北师范大学，2017.

[12]高杏.高中微作文教学研究[D].武汉：华中师范大学，2017.

[13]王海.高中材料作文嬗变及教学对策研究[D].济南：山东师范大学，2017.

[14]温雅南.高中议论文写作教学中学生批判性思维能力培养研究[D].南昌：江西师范大学，2019.

[15]卫媛.生成性课堂在高中语文写作教学中的实践探究[D].武汉：华中师范大学，2019.

[16]曾欣怡.高中任务驱动型写作教学中说写结合策略运用研究[D].广州：广州大学，2019.

[17]李运芬.基于任务群的高中作文系统化教学研究[D].昆明：云南师范大学，2019.

[18]杨建峰.高中语文任务驱动型作文教学模式探究[J].甘肃教育，2020（03）：79.

[19]张露.新媒体时代下高中作文教学"读者意识"的确立[D].大连：辽宁师范大学，2017.

[20]李旭妮.基于新闻热点的语文课程资源开发研究[D].西安：陕西师范大学，2017.